當個有錢人
做個有情人

45個豐盛心靈
實現夢想的人生智慧

郭騰尹——著

目錄 CONTENTS

COLUMN 2

當個有錢人，做個有情人

COLUMN

3

暖一顆心，圓一個夢

COLUMN 4

發現更強大的自己

自序

二〇二〇年十二月二十四日，耶誕節的歌聲在街頭響起，這一天我結束了第四次的隔離，回到台北的家。近兩個月在隔離酒店的獨居，不能踏出房間一步的特殊經歷，改變了過往的生活節奏，搭飛機的頻率少了許多。一旦生活慢下來，人們才可以關注到自己的內心，可以回看過往的來時路，有些該放下，有些該感謝，有些要更提醒自己，時光有限，要不負韶華，要勇敢出發。

在教育訓練的講台上，快三十年了，我十分熱愛這份工作，它讓我說故事的能力可以展現，也可以滿足我對這個世界的好奇。其實，當你覺得我在工作時，其實我是在玩；當你覺得我在玩的時候，其實我在工作。這樣的歲月積累，公司的業務範圍不斷的突破，我也可以在各地結交有共同價值觀的朋友，然後傳遞我對人生所保持的信仰。

這本書前半部就以人的思想與行為為起點，進而到人獨特的個性與習慣，如何找到足以支撐自己的人生價值，讓你在迷失時找到方向，找到力量。而書的後半部以故事為主，都是真實的呈現，有些是媒體的報導，更多的是在課程中或課程後的學員分享，以及在美憶會旅行中所發生的事情。我希望用這本書來保存這些美好的回憶，並且將這本書以我常用的《當個有錢人，做個有情人》為書名，希望它能夠很容易讓你記住並且上口！

要當有錢人嗎？你必須要先做個有情人！做個有溫度的人，這一生除了口袋有錢之外，腦袋裡也有許多的美好回憶。對於在書中故事裡我所提到的人，我要說聲感謝，因為你們讓我的生命有了光，讓我看到了人間的真善美。我也要感謝游伯龍教授在三十年前對我的啟蒙，謝謝台北品學網及實踐家同仁的一路支持，還有大陸、新加坡、馬來西亞、泰國、香港、加拿大、菲律賓等各地分公司的開課推廣，這些若沒有林偉賢老師的眼光與決心，我們就不會有一堂課 money & you

可以開到華文七百期的課程。

我也要謝謝美憶會各分舵的美人，在過去近六年間，我們透過電影深入學習，透過旅行讓自己及家人都留下了用金錢難以衡量的美好回憶，我們真的用行動幫助了許多人。

我要謝謝一起走過大漠戈壁，走過台灣中橫公路一〇八公里的夥伴，因為同路同行，不管多少年後，我們回顧一生時，這些經歷會讓我們開心的給對方一個大大的擁抱。

最後要謝謝時報出版社的董事長趙政岷先生，再次的鼓勵讓這本書有機會可以誕生，他是我一生重要的貴人；也謝謝出版社的編輯團隊，讓這本書美美的呈現在各位的眼前。

耶誕節和中國人的新年一樣，是個祝福及感恩的時刻，希望二〇二一年，你也能，當個有錢人，做個有情人。

領悟到，此生要為留下美好的回憶而努力。

you 對了，money 來了

COLUMN

1

CHAPTER 01 歸來仍是少年

大概有十幾年的時間沒有寫書了，雖然每個月還是有寫一些專欄，分享一些生活及工作上的想法，累計的字數已經可以出好幾本書了。但依然沒有出版的動機，是什麼造成我如此的被動？

當看到自己早期出版的《命好不如習慣好》、《幸福的人，天天都成功》的封面時，三十歲出頭，穿著西裝，英挺年輕的培訓老師，已經從菜鳥變成了坐五望六的老頭了，身材不同了，髮量也不同了。唯一相同的是我還在這個行業教著同樣課程，除了在講台上課，私底下的我，愈來愈不想講話，可能到了一定的年紀，更能體諒每個人都有他的難處。

我喜歡聽與接納每一個生命都有值得拍成電影的情節，也有一輩子都會藏在心裡的祕密，對這個世界，我淡然了。人生的下半場很快又要過半了，對於一輩子就只幹這一件事的人而言，我是有一些自己領悟出來的人生觀與世界觀，是說與不說？我還是很猶豫，也沒有足夠的動力。直到這個人的一句話，等於在後面推了我一把。

二〇二〇年的六月，當新冠肺炎在世界按下暫停鍵之際，我因為工作要到大陸，依照政策的規定，在上海酒店隔離了十四天。為了度過這漫長的時間，行囊裡面我也帶著書籍以及稿紙，那時剛好公司有一場活動，要請趙政岷先生來分享，他是我多年的好朋友，在寫作出版的路上給了我許多的指導。那天電話中就在他的鼓勵下，寫下了這篇文章的第一個字，決定把三十年來在學習以及授課的心得整理出來，除了文字也用聲音的方式來呈現。

對於一些新朋友，你可以把這本書當做是一堂培訓課程，從裡面的人跟故事來映射自己的人生。如果你是我以前的讀者，是上過我課程的學員，我也想用這本書來感謝你，謝謝這特別的緣分，想對你說一聲：「好久不見，別來無恙。」

三十年的培訓生涯，我主要以三個課程為主，一是習慣領域，二是ＤＩＳＣ人格特質，三是money & you。習慣領域學說的創始人是美國堪薩斯大學（University of Kansas）的傑出講座教授游伯龍博士，他是我一生中最重要的恩師，今年也超過八十歲了。習慣領域學說對思想與行為的探討，是一個打底的基礎功法，這對我在承接往後的兩個課程有極大的助益。

在習慣領域工作的那幾年，台灣教育訓練市場十分火熱，商業報紙每週都會有一至兩個版面，刊登公開招生班的課程訊息，刊登後的一、兩天，就等客戶打電話來查詢，是最傳統的推廣方式。當時的企管顧問公司、協會、基金會、各地的育才中心，百家爭鳴，好不熱鬧！那時商業類的報紙如《經濟日報》、《工商時報》，是商界人士每天必讀的資訊來源，我在政岷兄的邀請下，也在《工商時報》經營知識版，寫〈從優秀到卓越〉專欄。此專欄維持了很長一段時間，我有兩篇文章被收錄在台灣國中一年級教科書，最早刊登之處就在《工商時報》。

爾後我離開習慣領域公司，林偉賢老師也離開了《成功雜誌》，由於我們在東吳大學就認識，在一起辦學校社團活動，他比我高一屆，我念的是企管系，他念的是商數系（現在改叫做財金系），因此兩人決定攜手成立一家新公司，這就是實踐家教育集團的誕生。

配合公司業務的發展，我們引進了一套英國開發出來的DISC性格測評軟體，在中文化的過程當中，我們花了許多時間與人力成本。這套軟體可以安裝在個人或企業的電腦，現在更可運用互聯網的技術擴大使用效能，從招募、領導、溝通、團隊的建立、接班人的選擇等等，都能在這套系統上，採填寫問卷的方式，透過電腦運算得到最佳建議。

當時我們大量為保險公司做訓練，接下來我們又做了簡體版本，然後開了顧問師訓以及講師訓，培育更多優秀的老師。這個軟體最大的價值是可以協助公司的人力資源部門進行各項工作，我們到各企業去做簡報，台灣的統一超商、宜家IKEA、特力和樂、台積電、廣達、華碩、光寶、台灣康寧、中國信託銀行、遠東銀行、台新銀行、新光人壽、輝瑞、葛蘭素大藥廠等等，都成功地引進此套系統，來輔助高階主管進行人才評估與調度。

現在台灣人力資源界的前輩、政治大學ＥＭＢＡ老師李瑞華教授，當時擔任台積電人力資源部門副總經理，我們在那個時候認識，至今仍時常聯繫，聚會一起吃飯。就如我之前說過，在游伯龍教授習慣領域學說的訓練下，我對ＤＩＳＣ更能夠發揮優勢，報表的解讀更精準，再加上聲音多變又愛演戲，所以現在台灣的課程雖然不多，但是一些老客戶還是指名要我來上課。

實踐家這二十多年也開發出不少的課程，而我除了ＤＩＳＣ之外，大多數的時間都在上 money & you 這堂大課。說是大課，是因為它一期三天，將近四十個小時的上課時數，年紀愈大，身體的負荷也愈大。最早是英文版，約在四十年前從舊金山市的一家房地產公司的成功歷程，再加上巴基·明尼斯特·富勒博士(Dr. Buckminster Fuller) 的理論架構，從美國開始，在大陸及台灣立足，進而發揚光大。現在華文版的開課已經將近七百期了，畢業生的人數到達十一萬人。

此課程詮釋了 money & you 的關係，以大量使用遊戲的方式來增加體驗感。

您可能會因為一個遊戲的過程，突然之間領悟到為什麼自己一直不快樂，為什麼自己的錢總是留不住。雖然是美國的課程，但我們已經成功的用中國人的思想價值體系來呈現。有時三天下來，我覺得學員不是上完一堂課，而是完成了一齣舞台劇，看盡了人生，會哭、會笑、會沉思、會感動。這三天課程就讓過去的三十年豐富了，也貫穿了我與眾生的情緣。

我對這份工作的熱情不減，年輕依舊，只是授課者並非靠站在講台，而是對這個世界有了更大的接納，是活出了自己想要活出的樣子。直至那時，我們在心中會有走過萬里，千帆過境，歸來，仍是少年的灑脫。

CHAPTER 02 腦，心與行為的互動

習慣領域學說裡探討人類行為時，曾經指出我們人類有一千億個腦細胞，每個腦細胞還有數千到數萬個神經突觸。由於生化與電的作用，腦細胞就可以傳遞訊息。這些腦細胞有時會亮，有時會暗，這明與暗的變化就形成了很繁複的排列組合，外形像是三度空間的網狀，我們稱之為「電網」。

電網的快速變化與切換，大腦就可以處理資訊。每一個電網的變化相對應我們的一個想法或行為，這些概念也得到了腦神經科學家的證實。

大腦就像是電腦的主機，透過輸入進行運算及運算後的分類及儲存，未來若條件成熟，你也可以把檔案提出來。請注意我講的是「有條件」，如果可以隨時取出來，人類就不會存在「忘記」這件事情了。

當一個孩子出生，透過與周遭的接觸，小腦袋裡的電網不斷的一個個被編成、記錄及儲存，包括父母與親人的擁抱。再大一點，小寶寶會看到母親的笑容，會接觸到父親大大的手掌，也會聽到爺爺奶奶爭執的聲音，會感覺到環境的緊張。這些看似平凡的小事，殊不知都對小孩在理解這個社會時，產生了很大的影響。

小寶寶應該不是天生就會叫爸爸的，而是一個男人一直把臉湊前，不斷的對小寶寶說：「叫爸爸，叫爸爸……。」這幾個字不斷的從耳朵輸入，然後眼睛看爸爸的嘴形，那一臉幸福的表情，一次次的重複，電網的強度愈來愈強，最後終於如你所願，發出了讓你涕淚的一聲：「爸爸！」這一切都心滿意足了。

孩子的成長之路都是被訓練出來的。吃飯、睡覺、說話、走路、表達情緒等。大人訓練了孩子，我們也從孩子出生後重新的被教育，只要重複多了，大腦的電網愈強，愈容易得心應手。我們五官與身體所觸都是輸入的來源，這些見聞與發生都會完整的被記錄在大腦裡。

電腦裡的檔案若是常用，你開機後會很容易的找到，但有些檔案儲存後卻很少用，甚至不用，這時打開電腦，就像海底撈針一樣。這種情形大家可能都有過，這種大腦與想法和行為之間的關係，就是如此微妙。

大腦控制著人類的行為，其實行為也會影響著大腦。想像一下，當我們把下巴抬起來，看著藍天，然後去想一件很悲傷的事情，很困難是吧？所以抬著頭，挺著胸，別垂頭喪氣，要常常微笑，這些動作都是大腦最好的營養品。

有一天我轉了一個小孩子吃飯的影片給我的母親看，這個孩子掛著吃飯的圍兜兜，菜盤上有青花菜、櫛瓜、厚蛋燒、鮭魚，還有紅燒排骨，小孩有專用的筷子跟湯匙。這些餐具都是為了孩兒成長專門設計，然而更多的時間，這孩子是用手抓食物來吃，尤其是那排骨啃得老香了。

母親看到了，立刻反應，非常嫌棄的說：「看多髒啊！手乾不乾淨啊？爸媽都不教嗎？」在老一輩帶孩子的經驗裡，兩歲多的孩子都是要餵的。但是小孩好動，大人拿著碗追小祖宗，喊著「快把碗裡的東西吃完吧」，每一次餵孩子吃飯，幾乎都可以滿足一天的運動量。

其實二歲多的孩子用手抓東西來吃，在運動關節的過程中是有助於腦部發育的，刻意讓孩子吃這些要用手抓的食物，背後都有著父母的智慧與愛心，而孩子可以掌握食物，也會有一份成就感與滿足感。說實話，在大人的世界裡，自己用手抓來啃的食物，其味道將更勝一籌，啃炸雞、啃雞腳、啃螃蟹、烤全羊，無一不美味。

我有一位學員的母親，因為身體半癱，所以終年行動都要靠輪椅，雖然行動不便，但是在大家的幫忙之下，扛著輪椅，帶著老人家沒有錯過任何一個河南少林寺的景點，包括爬了好幾百個台階，上上下下去坐纜車。這段故事以後我會再詳述，這位母親玩得很開心，歡顏綻放，決心要加緊的復健，以後再跟我去更多的地方玩。

癱瘓是因為腦部因外力或手術受到了損傷，有人復健是從提物、從擺動手臂開始，爾後扶桿挪步走，這些都是透過肢體的運動來改善受傷的腦部，漫長的復健之路需要家人的支援，更需要對未來的渴望。

憂鬱症，是大腦生病了，就像人會感冒一樣，若天氣很好，憂鬱症患者的家屬應該多多想辦法誘導憂鬱症患者去外面曬太陽。陽光透過視覺進入到大腦，會產生分泌血清素。這東西對於治療憂鬱症是有幫助的，很值得大家試試看。從這些例子我想要表達的是：

一、我們的大腦會記錄一生的言行，我們隨時記錄儲存，但不代表我們可以隨時提取。

二、大腦的思想與行為之間的關係是密不可分的，彼此會互相影響。

三、大腦決定了思想與行為，人也可以利用行為動作的改變，來改變大腦裡的想法。

四、這個概念，你可以用來轉念，也可以正向的去影響別人。

CHAPTER 03 往事並不如煙

大腦記錄著一切，但不代表你全部都能想起來，你的記憶不能夠隨傳隨到，但是人在處於放鬆的狀態之下，一些深層的記憶會比較容易被喚起。

有一句話「往事如煙」，我並不贊同，假如往事如煙，代表往事都灰飛煙滅，前塵種種皆一筆勾銷。可能嗎？我忘不掉大學時代離我而去的女朋友，忘不掉在北極圈的深夜，追逐極光的興奮與幸福，所以我覺得往事並不如煙才對。這六個字我很喜歡，出自章詒和女士的同名小說，該書在二〇〇四年由北京人民文學出版社出版，同年台灣時報文化出版。

大腦所記錄的不只是事情，還包括了這件事所潛藏的感覺。人一生總會招逢無數的往事，有好的往事，也有不好的往事。所以我們內心也會殘存著好的感覺以及不好的感覺。而人的通病是比較容易記住不好的往事，忽略好的往事，常常緊緊抱住負面的感覺走不出去，也用負面的感覺來傷害別人，卻忘了曾經有過的美好。

在 money & you 的課程當中，我們將這負面的感覺叫做「爛草莓」；在習慣領域學說裡，這叫做「負面的電網」。這些隱藏在潛意識裡的恐怖分子，你不止記住了這件事情，還將事情裡面的傷害、失望、羞愧、背叛、苦痛，都刻上了心裡，於是人們會開始猶豫不決，裹足不前，擔心自尊心受損，若過不了這關，我們追求幸福以及財富的能力也會一併消失。一朝被蛇咬（不好的往事，心中有了爛草莓），十年怕井繩（恐懼退縮），這是最容易懂的例證。

所有的往事構築了每個人的人生，命運的好壞就是好壞往事的一種計算。而一個有智慧的人、真正性格成熟的人，即使沒有辦法改變過去，沒有辦法避免人生十有八九的不如意，但他仍然可以將它視為自身的修煉，可以笑著說發生都是恩典，把這些破事爛事，用更高的視野來看待，進而找到力量、找到方法，這種心的轉換是宗教影響人最重要的教誨。

看台灣《大愛電視台》的電視連續劇，聽牧師在做禮拜時談夫妻相處之道，這些內容都是故事，都是曾經的往事，一旦明白了，人生也就豁達了。有人說一堂的培訓課就像宗教一樣，但是我覺得，所有的宗教，其實本質就是培訓，核心就是「改變」，讓人離苦得樂。往事已遠，但是回憶永遠保存。

我喜歡「回憶」這兩個字，因為它包含著那件事以及事情背後的心情。我曾經去過呼倫貝爾大草原，帶著七、八十位的學員，在內蒙古的室韋，我們去了俄羅斯族的家裡做客，吃俄羅斯家族的點心與飲品，換穿俄羅斯傳統服飾，老老少少一起做俄羅斯族的民間遊戲，緊張又刺激。去遼闊的呼倫貝爾是一件事情，但是回憶裡有味覺、聽覺、視覺的美，回憶讓每一個人心裡是有溫度的，美好的回憶會是一股暖流，自心中流淌，又流進了別人

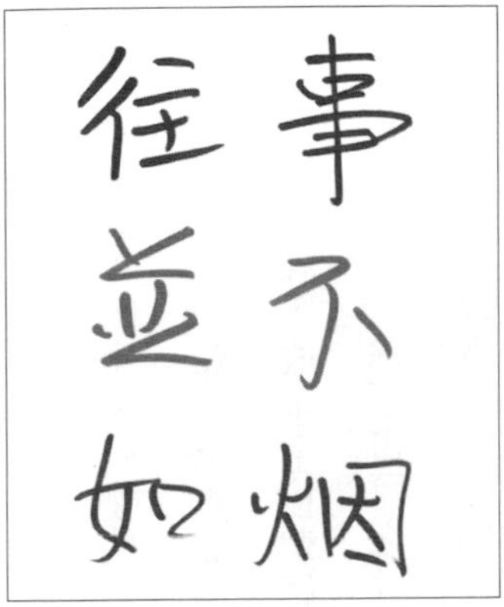

的心裡。

昨天發生的事，有哪些是美好的回憶，又有哪些是不好的回憶？在十年前，哈佛大學的一位年輕老師叫做塔爾．班夏哈（Tal Ben-Shahar）。他所開設的〈幸福學〉一門課，成了全校選修人數最多的一門課。這堂課不止校內熱門，後來更傳播到全世界，除了書籍之外，你很容易在各大網站上找到相關影片。

這位教授認為，當人們在衡量商業成就時，標準是錢，用錢去評估資產和負債、利潤的虧損，所有與錢無關的都不會被考慮進去。金錢是最高的財富，但是他認為人生與商業一樣，也有盈利和虧損。上面這段話，在我講授money&you課程時，讓許多人突然如醍醐灌頂一般，人生！商業是money，money的盈虧有資產負債表；那麼you的資產負債表，又該如何列表呢？

塔爾教授繼續指出，在看待自己的生命時，可以把負面情緒當作支出，把正面的情緒當作收入，當正面情緒多於負面情緒時，我們在幸福這一至高財富上就盈利了。往事並不如煙，當人生最後在算總帳時，如果美好的回憶大於不好的回憶，那這一生就獲利了；相反的，不好的回憶大於美好的回憶，這一生是虧損的。這種資產負債表可以用一生來結算，用年度來算，當然也可以用月、周、天來算，今天美好回憶大於不好的回憶，這不就是禪宗所說的「日日是好日」嗎？這個道理明白以後，修行就不是那麼困難了。

透過這篇文章，我們總結以下幾點。

一、大腦裡有許多往事被記載下來，而往事不等於回憶。回憶裡有情緒、有感覺。

二、在幸福學裡，人生與財富就像 money & you，都有一個資產負債表。

三、努力讓今天的美好回憶增加，用這個觀念來影響你的決定。

四、讓自己擁有美好的回憶，最有效的方法不是去享樂，而是帶給別人美好的回憶。

CHAPTER 04 you 對了，money 來了

在習慣領域上課時，游伯龍教授說過，沒有好的習慣，事業很難成功，沒有壞的習慣，事業很難失敗。而事業的成敗與 money 密不可分。

在 money & you 的課程中有一張海報，是「you 對了，money 來了」，這 you 如果用習慣來解釋，其實是非常到位的。若沒有好的工作習慣、家庭習慣、健康習慣、理財習慣，人生不管哪個面向都不會有亮點。「習慣，成功之器也，成功，習慣之積也」，習慣來自行為的重複，行為來自思想的驅使，要怎樣的想法才能讓自己在競爭的商業環境中賺到錢呢？

當年三十四歲的黃少波是大陸京東物流華南區廣州大石營業部的一名快遞員。在二〇一九年二月二十一日到三月二十日，這一個月他的總攬件數是十三萬

件，平均一天高達四千三百三十三件。當月黃少波的收入近人民幣八萬元，全部是攬件的提成，他是如何做到的呢？

黃少波是在二〇一九年來到京東當配送員，二〇一八年時，收入約一個月人民幣八、九千元，在京東開放快遞員可以攬收業務後，他隨即思考轉型，並且很快拿到一家電商全部發件的業務。

黃少波說：「我剛來這片區做配送員，這家企業也搬了過來，派件都是我做的。很多人給企業送快遞，都是送到前台，我每次都把老闆的個人件直接送過去，時間一長就和老闆熟了起來。」在開始對外做攬收業務之後，黃少波與企業負責人做了一次深入溝通，對方決定拿出一部分的件給黃少波發送，試用期一個月，一個月後負責人把全部的發件業務都交給了黃少波，理由是「服務好、性價比高，信得過」。

京東在二〇一八年取消了底薪制，但大幅提高了攬件的提成，這也是黃少波收入激增的關鍵。現在團隊有兩台機器，有六個人負責將物品掃碼入庫。

企業會將大單交給黃少波，「信得過」這三個字很重要，因為「信任」是人很寶貴的資產，如果要賺錢，要做一個讓人信任的人，同時也要信任別人。

如果你在社會上工作，渴望有好的未來，你必須做一個讓老闆信任的員工。如果你是一位業務員，你得要先得到客戶的信任，才能賺得到客戶的錢。若你是位老闆，你要懂得信任你的員工，才會有人願意為你賣命。在人際關係裡，信任感是感情增進的原點，夫妻之間需要信任，父子之間需要信任，家人之間的信任也會讓每個家人都有幸福感，這個道理可以運用在各行業。

如果開餐廳的先想到如何讓來這餐廳用餐的人都擁有美好的回憶，包括菜的實惠、餐廳的燈光、用餐環境的設計與規劃，更重要的是服務態度要好，客人有了美好的回憶，下次還會再來用餐。若先想到要宰客，這路絕對走不久的，因為有美好的回憶，才會有業務員最喜歡的「轉介紹」。

二〇一七年初，我帶著三十位學員組織了一趟旅遊，去了大陸東北的雪鄉。我們在哈爾濱集合，在松花江冰凍的江面吃冰棒，去看冰雪大世界，裡面有一座座的冰雕，透過燈光七彩絢爛。也第一次去亞布力滑雪，在中國雪鄉體驗零下三十多度的氣候。

那次的行程，吃住的安排都非常得體，導遊是一位笑容多、身材壯碩的小夥子，一路上把車上氣氛帶動得很愉快。他冬天在東北帶團，夏秋就帶內蒙古呼倫貝爾的團，二〇一九年我帶著兩部大巴的學員準備去內蒙古布倫貝爾大草原，我立刻想到了他，就是因為他在東北之行留給我許多美好的回憶。事實是這一團八十人，老老少少都對導遊非常滿意，他考慮要開發海南島的市場，我也承諾他如果準備好，我也會帶著大家來，因為信得過他。

You 對了！Money 來了！

「被信任」是一生美好回憶很重要的來源，一九八七年到一九八九年，我在金門服役，那是我很想穿越回去的時代。夏夜的星空，放假日在山外的冰果室吃刨冰，冬暖夏涼的獨特碉堡，三不五時的上級業務檢查，從深夜到清晨的夜行軍，連上長官對我的信任，放手讓我幹，我的請求支援無一不允，每個士官長都真誠相待，後來因為績效的評比全師第一，還回陸軍總司令部來接受表揚。儘管退伍三十多年了，但在通訊軟體的群組裡面，還有一個以當時部隊番號為名的群組。

這幾年你過得好嗎？錢掙到了嗎？掙夠了嗎？如果你還沒有帶給家人美好的回憶，錢是不會來的。有一句話說，家和萬事興，家和是指家庭和睦，家人間彼此關心、信任，這些美好回憶就成了大家對家的眷戀。

人生總要跌跌撞撞，起起伏伏後才明白money的來處，關鍵在與人結善的緣，家人、員工、客戶皆然，這個you是對的，money才會來。所以以下是你能做的：

一、真的信任你的員工、公司、老闆、客戶。

二、真的信任你的伴侶以及你們的孩子，你的信任，會讓他們對這個家有歸屬感。

三、言行一致，做一個讓別人信任的人。

四、天道酬勤，老天爺會保佑那些帶給眾生留下美好回憶的人。

CHAPTER 05

大人的爛草莓

往事並不如煙，這一生我們有好的回憶，也有不好的回憶，這不好的回憶會產生負面的感覺，負面的感覺一直用電網的方式儲存著，這玩意兒我們叫做「爛草莓」。

爛草莓來自我們曾經發生過的事，另一種是來自外部的資訊。

因為講課的關係，我常常必須要到外地出差，幾乎每天都住在不同的酒店，再加上我晚上不認床，容易入眠，很能適應這種漂泊的生活。現在住酒店，比住在家裡還要習慣。

有一天，我的姐夫很善意的提醒我，酒店房間裡的電茶壺千萬不要使用，因為新聞報導上有說，有人在房間裡面喝醉了，直接把嘔吐物吐進茶壺裡面，甚至有人把個人的貼身衣物放到裡面，用熱水來消毒。我聽完立刻跟我姐夫說，我天天住酒店，根本沒有這回事，這消息肯定是捏造的，網路上的假新聞太多了。

話雖如此，不久我到大陸去工作，晚上住進酒店時想燒壺水來用，打開壺蓋時，姐夫的話突然在心裡竄出，穢物的形與味立刻湧現，於是我放下水壺也打消了念頭。這就是爛草莓，不知不覺地影響了你的思想跟行為。

二〇一一年，我參加了一年一度台灣泳渡日月潭的活動，成功完成了三千三百公尺的橫渡長泳。去日月潭長泳之事我並沒有告訴母親，若告訴她肯定就去不成了。母親支持我運動，希望我健康，但是年紀大的母親對日月潭沒有什麼好印象，即便日月潭湖光山色，朝看薄霧，夕看彩霞，如鏡的湖面，一艘船緩緩的駛過，碧波萬千，這樣的美景，世界知名，更是大陸觀光客來台必遊之地。

只是對母親而言，那卻是個不乾淨的地方。小時候日月潭曾經發生過沉船事件，死了很多學生，更遑論後來當地還有許多靈異事件陸續傳出。人們對不好的資訊總是比好的資訊更容易牢牢記住，先把自己給嚇死，許多母親的愛不都是用這種方式來表達嗎？

工作在外，許多地方都有分公司，雖住在酒店，但也不會感到孤寂落寞。細心的同事會幫我準備水果，但如果放一種水果，我是絕對不會碰的，柿子。「柿子」，是我的爛草莓。

二〇一一年我成功完成了日月潭長泳，這件事給了我百分之百成功的經驗，然而同年我失去了敬愛的父親，他在醫院動了兩次手術，最後因為心肺衰竭而離世。手術的原因是因為腸道堵塞，堵塞是因為吃的東西無法消化，吃的就是柿子。在以後的日子裡，只要看到柿子，我無法控制我的大腦，就會浮現出父親和藹的笑容，讓思念與內疚在心裡翻攪。

柿子無罪，但我就是容不下它，只要你對某個人、事、物存在爛草

莓，你就會逃避，不願意面對。但如果是美好的回憶，你就會往前走，願意主動親近，現在的你，正在被什麼爛草莓所控制呢？

有一次和一位大陸的女學員聊天，她已到了適婚年齡，但是都還沒有聽到好消息。她說前一陣子也有一個交往的對象，但是家裡父母親反對，最後只好黯然分手。我問反對的理由是什麼？結果答案是「對方是河南人」。後來我發現這種現象在大陸滿普遍的，尤其是南方沿海比較富裕的城市，普遍對河南人沒有好感，可能覺得那裡環境窮，還有一說是騙子多。

河南其實人口真的非常多，但有生產力的耕地不足，又有黃河災難，以致自古以來饑荒不斷，老百姓只好走出去謀生，我在西藏拉薩旅遊時，碰到的計程車司機就是個河南人。可是我所認識的河南人都以身處在中原古都為榮，熱情又好客。而這種偏見也都是來自過往不好的記憶，不是嗎？台灣人當時也對外省人有偏見，如果這種觀念一直存在，那會破壞多少美好的感情，而令其不能修成正果。

一個人最大的敵人不是外面的對手，而是自己，是自己心中的爛草莓。

一位婚姻失敗的女生，當終於告別一段痛苦的婚姻後，她可能會告訴世界「我再也不要結婚了」，此想法若不改變，代表她還活在過去的傷痛裡。以後若真的有一個男生想對她好，她也會關上心扉。請問是誰拒絕了幸福來敲門？是自己！爛草莓無法徹底的拔除，但是可以化掉，可以去其勢，並且與其共處！這部分以後我們會更深入的探討。

好了，總結一下，我們需要知道以下幾點：

一、老人家吵架最喜歡翻舊帳，所有的舊帳都是不好的回憶，然後愈吵愈兇。

二、家人相聚時，多翻翻過去的美好回憶，這個家才能幸福洋溢。

三、警覺自己的言語與行為，別無形中給人種下爛草莓。

四、勇敢遠離那些都是爛草莓的人，他們的意見不是保護你，而是保護他們自己。

CHAPTER 06 小孩的爛草莓

之前我們談過大人的爛草莓，儲存在大腦當中，它會讓我們心生恐懼，擔心自尊心受損。在人生的轉捩點，我們會有很大的掙扎。成人在做生意、投資、交友、婚姻，都可能有些負面的電網，一觸碰，就讓我們記起傷痛，伸出去的腳又立刻縮了回來。大人如此，小孩子更是如此，我們渴望孩子飛翔，卻又在言語中剪斷了他們的翅膀。

許多人都說我的聲音很有磁性，非常適合在夜裡睡覺前聽，其實我的聲音還有一段不為人知的故事。男孩子在念初中的時候都會變聲，初一那年，在很尷尬的變聲期，我記得在童軍課發言時，被童軍老師說我的聲音就像「鴨脖子被踩到」所發出的聲音，那一刻的畫面場景至今仍歷歷在目。老師的話令我如被施了魔咒，我的聲音發不出來，隱藏在內心的是自卑，怕被別人取笑。

後來父親帶我去台北榮民總醫院掛了語言治療的門診。一整個暑假都在調整，重新學習基礎的注音符號發聲，每次門診都有功課帶回來，自己在家裡練習發音，小答錄機錄好了，再帶給醫生診斷我的進展，至此我的發聲系統就被重置了，就成了現在的狀態。雖然上課演講，製作有聲書沒有問題，但是要我唱歌，我還是沒有勇氣在KTV跟眾人一起高歌，唱歌對我而言仍然是爛草莓，我在KTV依舊是最好的傾聽者。

在擔任青少年 money & you 課程講師多年，從孩子的回饋來講，孩子的爛草莓，大多數都是爸媽所種下的。

在一次演講活動中，大陸樊登讀書會的樊登先生曾說過讓人深思的一段話：「我們經常把愛變成了控制，愛跟控制是完全不同的感受。你愛一個人，希望這個人好、希望他開心、希望他快樂。控制是你只能按照我希望的方式快樂，你不能跟別人快樂，你會有很多的佔有欲在裡面。」一旦這種控制欲到極致，孩子會有怎麼樣的反應呢？

二〇二〇年五月的某一天，在大陸的一位張女士去學校接女兒放學，母女兩人吃過晚飯以後，女兒主動提議說要給媽媽按摩，而後卻趁其不備拿出已經準備好的絲帶，將趴在沙發上的媽媽勒死。犯案後，女孩將自己鎖在家中，關掉母親的手機。直到兩天後，張女士的同事因為聯繫不到她，找上門來，才讓整個事件曝光。後來在公安機關立案調查，女孩子自述說，母親對她的管教特別嚴格，自己早就想要殺死她了。記者採訪了這位母親生前的友人，希望能找到一些犯案的線索。

「張女很強勢，對女兒非常嚴格，希望女兒的人生完全按照自己的想法發展。」

「要求女兒學習成績必須要前幾名，要最好的分數，希望她必須考上清華、北大、復旦這樣的學校。」

「要求女兒必須要聽她的話，不接受任何反駁，必須得按照她的意願來。」

「離婚後禁止女兒去見爸爸。」

「調查女兒交往的朋友，讓女兒在同學間被孤立。」

看完這些大概就能夠理解，這是一個被壓抑的青春，渴望擁有自我，不願做以愛為名的傀儡，叛逆的最高點，而幹下這逆倫的悲劇。這是解脫，卻讓天下父母百味雜陳，愛放錯了位置，都是傷害。

有一次上課跟孩子談論父母親的問題，孩子很願意和我聊，像是個大朋友一樣。其實這種親近感有一個設計，在三天課程正式開始前，與孩子間破冰的方式是讓他們可以為我取一個綽號，然後大家表決，我必須要無條件接受。這三天課程期間，孩子們不用叫我郭老師，而是用綽號。這麼多年來，我被叫過郭大俠、平底鍋、老乾媽、護舒寶、地中海、郭大娘、屌絲男、娘炮、二鍋頭、老屁孩、郭八戒、郭猛男，瑪卡巴卡……，實在族繁不及備載。

雖然我的年紀足以當他們的父親甚至爺爺，但是下了課他們會主動來找我，有個孩子還利用五分鐘的時間說要背課文給我聽，背完後我給了他一個大大的擁抱，看著他開心的轉身離開。我相信這三天課程有別於外面的課程，給了孩子留下許多美好的回憶，最好的證明是每次開課時，都有許多孩子回來複習，回來當義工。這些十多歲來上課的孩子現在都在國內外讀大學，甚至進入社會工作了，但還會利用暑假期間，回來課室幫助新生，見證他們的成長，是我一生最感欣慰的事情。

一個孩子告訴我「什麼是好爸爸」？他說不是爸爸多有錢，公司有多大，車子有多名貴，而是爸爸在他腦海中所留下來的回憶，好媽媽亦然。孩子的腦海若是對父親擁有美好回憶，兩人的距離一定會很近，很容易溝通。相反的，孩子如果有著對父親的爛草莓，那麼孩子回到家大概就會習慣待在自己的房間，目光也不願與父母相視，這個家已不是家，只是一個睡覺的地方。

你的孩子喜歡回家還是不喜歡回家？這個家是好的回憶多，還是不好的回憶多？勇敢的從孩子口中找到答案吧。

為了我們的孩子，希望父母親能明白以下幾點：

一、現在孩子爛草莓的主要來源包括了：

1. 爸媽曾經動過手，身體上的疼痛都會在大腦、皮膚、肌肉裡留存。
2. 不被父母親信任，相信別人，不相信自己的孩子。
3. 爸媽答應的事情卻沒有做到。
4. 孩子在陳述事情時不願專心的聆聽，自己在玩手機。

二、溝通從聊天開始，了解孩子喜歡及關心的事情有哪些？

三、當你跟孩子的溝通出現問題時，有一個非常明顯的起點，就是你開始不好好回答孩子問題的時候。

四、建議十至十八歲的孩子來參加實踐家的青少年 money & you 課程，孩子在滿十八歲之後還可以參加成人班的課程，不需要另外付費，並且終身免費複習。華人地區包括中國大陸、台灣、香港、新加坡、馬來西亞、泰國、菲律賓，甚至在加拿大都有開課，期待您的孩子成為我們的家人。

CHAPTER 07 水果杯

大家都有使用電腦工作的經驗，電腦最怕中毒，有時候你往往不懂它從何而來。一封郵件、下載一部電影，或是打開一個煽情惹火的頁面，複製傳輸一個檔案，這個病毒就會悄悄的被植入，然後它會開始進攻其他的程式，破壞你儲存的資料，盜取你的個資與隱私，所以在過去幾乎每台電腦都會安裝防毒軟體，以前是要付費的，不過現在大多都已經是免費了。

科學家發現現代人的癌症除了飲食來源和空氣品質之外，與人的情緒和壓力也有密切的關係。確診後主要的醫治方式是避免癌細胞的擴散及轉移，醫生會採用的醫療方式除了藥物控制外，就是動手術切除以及之後的化療。這個過程很漫長，家裡有過這樣的病人，才能了解其中的辛苦。

我用病毒及癌細胞的例子，想要來解釋爛草莓的影響，以及其中跟水果杯之間的關係，這篇文章就要來談論此重點。

當然你也可以把爛草莓想像成二〇二〇年新冠肺炎的病毒，它從亞洲蔓延到歐洲再到美洲，新冠病毒讓全世界按下了暫停鍵。你心中的爛草莓也可能是讓你的夢想靜止，不再有激情，甚至早已埋沒在無垠的沙漠當中。

我們的大腦對於一天所發生的事情，會將這些腦細胞的電網歸檔，何時？就在每一個人入睡後的「快速動眼期」。想像新書到了圖書館，圖書館管理員會依圖書的分類編碼上架，彼此相關的、相似的會放在一起，這樣好找。我們的大腦也一樣，與父親有關的記憶會放在一起，與母親有關的記憶會放在一起，與初戀情人的記憶當然也會放在一起。這放在一起，就像同一排的書架或是同一個水果杯裡，書架上是同類型的書，但書名不同；水果杯裡有著不同的水果，彼此靠近。

想像水果杯是透明的，你可以一眼看到裡面的內容物，裡面有香蕉、草莓、蘋果、奇異果，柳橙，葡萄，藍莓……，裡面有許多顏色。如果有一天草莓壞了，我們就叫它「爛草莓」，爛草莓會自己斯人獨憔悴，還是影響到其他的水果？我相信答案一定是後者。草莓會影響到柳橙，柳橙會影響到旁邊的奇異果，最後的結果是所有的水果全爛了，你會把所有的水果全丟掉，有時甚至連水果杯也一併給丟棄了。

我們的大腦也像是一個水果杯，裡面充滿著關聯的回憶，比如說一男一女從相識到傾心，在談戀愛的過程當中，彼此都給對方留下了許多美好的記憶。他們踏過台灣北部白沙灣的浪，去過溪頭，住過中部的武陵農場，吹過南部墾丁公園燠熱的風，這些美好的回憶會帶給他們往前走的勇氣，兩人決定結婚了，這些二人的甜蜜回憶就像香蕉、葡萄與蘋果。

在多年過後，婚後的生活就不像談戀愛般沒有負擔，生活與事業的壓力、孩子的教養等等，讓這兩個人對婚姻的期待與現實有了差距。男方可能因為一次意外而出軌了，女方知道了，這種被最親的人背叛是一個大大的爛草莓，這種負面的感覺一刀劃在心上，於是像病毒、像癌細胞一樣的擴散，侵蝕到旁邊的水果，那些曾經有過的美好回憶都忽然變色，那些曾經約會擁抱拍照的地方都變成了傷心地，這些不好的回憶在大腦中，會肆虐攻擊那些美好的回憶。

明明兩人有愛，最後卻再也感受不到愛，因為心中有著揮之不去的陰影，一旦不再信任，猜疑頻生，距離愈來愈遠，心累了，於是最終選擇放手。

你大腦的思想真的會幹出「一竿子打翻一船人」的事情。

從孩子的角度，孩子接收到父母親的愛，在水果杯裡面，一定記得在生病時，父親冒雨揹著他去看醫生的往事；一定記得母親從外地出差回來，必定會帶他喜歡吃的東西；也記得很小的時候，當在人群面前大聲背誦唐詩宋詞時，父母親那種得意驕傲的表情。但這些，只是一次的父子衝突，一個耳光打在孩子身上，卻成了最痛苦的記憶，成了一顆孩子心中的爛草莓。慢慢的，我們知道那些愛的往事，可是卻感受不到此刻共同生活在一起、在一屋簷下的溫度，從此孩子的心事不願對父母傾吐，唯願考到遠一點的學校，離開家變成學習最大的動力來源。

不論你現在是什麼身份，你的所有言行在自己及別人的心裡，都會種下一個因，我希望你在別人的大腦水果杯裡是個美好的回憶，更希望在你往後的日子裡，你能夠坦然接受與面對那些爛草莓，只要你願意警覺它，它就愈不會產生作用，而且接下來，要去創造更多的美好回憶。多一些芒果、芭樂、蓮霧、百香果……，這個世界還是可以讓它更加的豐富，更加的充滿希望。

在第一次上海隔離的這段期間，助理怕我吃的不好，用快遞寄來了一箱芒果。打開之後發現芒果還是青的、硬的，我打電話問助理，這該怎麼辦才好？助理說，找一些已經熟成的水果放在箱子裡，會加速芒果變黃成熟。這事兒說的頗為神奇，上網查了，原來熟的水果會分泌一種叫乙烯的東西，當它揮發到空中，遇到芒果，芒果就會受到影響而加速成熟，這乙烯就是一種催熟劑。如果真的水果間也會互相影響，水果杯的概念不只是大腦，還有其他可延伸的地方。

一、一鍋粥是一個水果杯，一粒屎就是爛草莓。

二、人是一個水果杯，一個壞習慣就是爛草莓。

三、一家公司是一個水果杯，那麼說三道四、批評主管、散播負面情緒的人，就是一顆爛草莓。

四、如果地球是個水果杯，所有的生物都是一種水果，人類會不會是那顆爛草莓呢？因為只有人類在欲望的驅使下會不斷的破壞生態，看似天災，其實背後，都是人禍。

CHAPTER 08 NG

在台北的義美食品買東西的時候，我發現這家台灣老字號的食品行也與時俱進，賣起了咖啡，現代感十足。然後在貨架上我看到了巧克力口味的ＮＧ蛋糕，同樣的蛋糕，但多了ＮＧ兩個字，價格便宜了些。

ＮＧ這兩個英文字母是No Good或Not Good的縮寫。在戲劇表演時，當導演指導演員排練，若是沒有達到導演的要求，導演會喊暫停，告訴演員上個表達有缺失的地方，以及該如何修正？接下來再試一次。所以一個演員不是只有台詞，他眼神的位置跟流轉、他的氣息、甚至台詞在哪個地方要停頓，哪個字要加重，旁邊的演員要用什麼樣的方式來回應。即使一個臨時演員，他也必須要全心的「IN」在裡面，否則所有的表演都要從頭再來一遍。

說到演戲，我有一次很難忘的舞台經驗。在二〇〇七年，作家郭強生執導了一部舞台劇《欲望街車》，在當時的新舞台演出，男主角有演員林煒、漫畫家蕭言中，女主角有作家吳淡如和星座專家唐立淇（現名為唐綺陽），我是吳淡如介紹去的，演了一個小角色，台詞只有兩三句，但是這個特別的經驗卻帶來許多奇遇的發生。

那段時間我固定每週一都要去中廣，現場錄製淡如主持的節目《幸福好時光》，每一次的內容都要事先準備好。淡如是我一生很重要的貴人，不只是《欲望街車》的參與，給了我一個不同於過往的經驗，除了這段跨界，她也介紹我到大陸福建的東南衛視參與了一檔職場選秀的節目，擔任人資專家評委。節目做了一季，後來又被推薦到另一檔類似的節目，在深圳的華娛衛視播出，這個節目是由中國移動贊助，主持人是大陸知名的何炅老師，我相信應該是我過去在與人相處的過程，給大家留下了美好的回憶，才會有接下來這麼多的善因緣發生。

當我第一次到東南衛視時，淡如特別準備了一盒台灣鳳梨酥給電視台台長，而且要我親自轉交。淡如是海峽兩岸知名的女作家，與東南衛視也有節目上的合作，在台裡分量很高，和台長握手的那一刻當中，我也把淡如的祝福跟禮物一併的帶上，大家都看在眼裡，接下來對我的態度也立刻不同，因為這個動作顯示出淡如對我的細緻與貼心。

我也非常感謝當時淡如廣播節目的製作方瑞迪廣告，我要謝謝老闆殷士偉先生的厚愛，讓我有機會假日代班主持該節目，而且內容可以由我自己來設計。當廣播主持人也曾經是夢想，夢想其實不一定要成為那種職業的人，而是你要努力的去創造善因緣，擁有得到那份回憶的機會。

在《欲望街車》排練時，主角會吃ＮＧ，連我這個小角色也會ＮＧ，接受指導，虛心調整，再來一次，所有的作品都來自不斷的修正。一部電影、一首歌曲、一項發明，在背後有太多的心酸，有著一種人生高度的堅持，而在這過程中不放棄修正，這就是人生的修行。

在 money & you 的課程中有一張海報，談到了ＮＧ之後修正的重要性。海報內容是講地球上的一枚火箭從地面發射往月球的方向飛去，看似直線的航向，其實有九七％的時間在做修正，三％的時間在做瞄準。從現在的武器來看，當飛彈發射出去之後，不論是從地面或者水下，在飛行的過程中，雖然鎖定了目標，但它也會調整修正方位。

畢竟在不同的高度面對不同的方向、風速和氣流，一架飛機要從亞洲橫越太平洋到美洲去，飛機是要往北飛的，配合地球的自轉，才是最省事省力的航線，當機長啟動自動駕駛時，飛機會自動因應外面的風速、風向、氣流而調整航向及高度，若你是乘客，在機上你不會感覺到這兩者有何差別，可是修正卻無時無刻無所不在。

這張海報有兩層的意義，一是對於一個我們想要到達的目標、想要成為的人，過程大多數都要在錯誤中摸索前進。如果你想成為一個好爸爸、好丈夫、好老闆，沒有人是天生就會的，摸著石頭一步一步的過河，不斷的試探排除，我們可能會晚一點到，但我們一定會到達想去的彼岸。

第二點是有些修正是看得到的，大家都很明白，但是更要留心那些看不到的修正，那些在背後默默努力的人，他們會改變自己的命運。

二〇二〇年，柯比．布萊恩（Kobe Bryant）因為直升機發生意外而喪生，讓許多籃球迷心都碎了。柯比最廣為人知的是他清晨四點就到籃球場去練球，而且最晚離開，當別人都還在睡夢中時，高度的自律造就了一個偉大的運動員。不止運動員，像是音樂家、科學家，都有這種鴨子默默划水的功夫，然後一舉成名天下知。

自律，是一種習慣的養成，他來自高度的自尊，而自尊來自清楚的人生目標，這看不見的努力是讓人刮目相看的關鍵。每天下了班的八至十點你在幹嘛？在應酬、喝酒、唱歌，還是上網打遊戲，可是卻有人通過互聯網在學習，或是上網課，學習如何待人處事；想成為一個好爸爸的人，則利用這段時間陪孩子聊天。希望能有更好的人生路，那麼希望您每天都在堅持，讓這個目標愈來愈近。

最後總結一下：

一、作業不訂正，永遠找不到正確的答案。
二、想想跳水要練習多少遍，才能夠有破紀錄的表現成績。
三、當別人下了班，都在充實自己的時候，請您要有一點點的危機感。
四、您需要自律，改變就會無形中發生。

當個有錢人，做個有情人

COLUMN

2

CHAPTER 09 改變

改變習慣容易嗎？

游伯龍教授曾說：「警覺是智慧的開端。」如果人們不警覺習慣的存在，我們就會變成習慣的奴隸；當我們有警覺時，我們才能駕馭習慣，做習慣的主人。

在 money & you 的課程中也談到了人之所以不願意改變，是因為麻木不仁，理所當然、習以為常。這習以為常的「常」指的是一種穩定的狀態，因為改變會有風險，所以人們就會傾向安於現狀。除非有一天，舊有的想法受到了刺激，才有可能改變行為，養成新的習慣，進而改變一種新的生活形態。

刺激主要來自於自我的覺醒，另外就要靠外部的資訊，例如看了一本書、聽了一場演講，或是出國到了一個新環境，認識了不同圈子的朋友。

習慣領域的扎實理論基礎，讓我對行為與性格之間的關係更為敏感，更容易詮釋。這就是ＤＩＳＣ這套理論與工具在表達時，我可以與眾不同的地方。在經過二十四道題目測驗運算後，會出現一份報表，每個人都有不同比例的ＤＩＳＣ的強度。你可以想像它是一份體檢報告，但不是測身體上的疾病，而是測試性格與工作之間的適應程度。如果適度低，很有可能就會造成工作上的壓力，壓力若不妥善認清並且處理，就有可能影響到工作的績效表現。

一個人的性格，包括內在及外在。內在指的是原來的自己，這種性格會在最放鬆以及壓力最大的時候展現；另外一種是外在的性格，指的是在目前工作崗位下外顯出來的性格，這些都會在不同時間與環境下自然展現出來，人們是真的可以做到「見人說人話、見鬼說鬼話」的境界。

而外在性格所呈現出來的行為，是可以測算出來的，代表這些行為在大腦中所編碼的電網強度大小。ＤＩＳＣ報表也會顯現出其百分比的數值，若數值比較高，代表這種行為愈難改變，愈趨近於中間值代表彈性愈大，愈能在不同的環境切換自己的作風。

在教授DISC的課程時，我們常說要有勇氣去改變你可以改變的，要很謙虛的接納有些事是不能改變的，更要有智慧去判斷什麼可以改變？什麼不可以改變？即使要改變，也不是要求別人改變，而是自己要先改變。

「如果事情要改變，第一是我必須先改變」，因為「我是一切的根源」。上面這兩句話是 money & you 課程，非常重要的二張海報，所代表的就是一種覺悟，打開了習以為常、麻木不仁、理所當然的那一顆心，進入到修行的階段，修行意謂修正自己的行為。

這三個課程在不同的維度談到了改變，而學習的目的很簡單，就是「改變」，通過學習，改變思考，改變行為，改變習慣，改變性格，最後改變了一個人的命運。

人的外在性格會因工作的內容而調整，內在的性格也非永遠不會變，例如重大事件的刺激，這事件足以讓一個人的壓力結構改變。例如大家知道的科技名人李開復先生，他是前谷歌公司全球副總裁，創新工廠的董事長。在二〇一三年他自己宣佈得了第四期的淋巴癌。李開復原來是一位工作極度忙碌的人，在碰到生命攸關的刺激後，他的人生追求改變了，一旦目標不同，行為也跟著改變。

李開復的改變，第一，好好的睡覺，不再熬夜，研究發現睡眠是增強免疫力最好的方法，充足的睡眠對預防或限制腫瘤生長有廣泛的作用。其次就是運動的習慣，運動不只可以加速新陳代謝，還能促進癌細胞死亡，是活化自然殺手細胞的良方。還有飲食的習慣，每天早上一杯精力湯，可以減重、通便、排毒、增強免疫力。兩年後二〇一五年李開復先生再次做健康檢查，癌細胞不復存在。通過生活習慣的改變，他抗癌成功了！

壓力結構是習慣領域學說非常重要的一個概念。二〇二〇年的新冠疫情，全世界的商業活動都停擺了。培訓業因為無法聚會，線下的課程全部改為線上。像在二〇〇三年的 SARS 非典疫情，讓淘寶誕生了，開啟了電商的新時代。在台灣這幾個月，我和林老師也不斷的研究如何活下去，後來才開啟了品學網的新模式，結合了學習、分享、變現的生態圈。

所謂窮則變，變則通，壓力是行為的驅力，也是改變的動力。改變容易嗎？每個人心中自己都會有答案，就看你的壓力夠不夠大了！

延伸概念：

一、DISC是會變的，每一次測評的結果都會有所不同。所以它是一個分析的工具，並不是算命。

二、因為DISC的報表類似體檢報告，所以每個人可以從各種的分析資料中得知需要修正的部分。

三、有些習慣領域的核心，屬於人類行為的通性是不太容易改變的，它是人性的一部分。包括：1.同類互比、2.印象概推、3.投射效應、4.近而親、5.相似相親、6.相互回報、7.替罪羊、8.責任擴散。

四、記得先為自己改變，這樣的改變才有意義，才有價值。

CHAPTER 10

開啟性格密碼

天才和庸才最大的差別是「放對位置」，天生我才必有用，明白自己的才能，找到合適的位置發揮，才能為社會做貢獻，我相信了解自己是一切成就的開始。

從剖腹產看時辰八字，然後紫微斗數、星座解析、手相、面相、摸骨、血型、生命數字……，這些都是一種去了解自己跟對方性格的方式。然而八字、血型、紫微斗數的命格是不會改變的，但是人的性格卻有其多變性。就像之前所指出的，有內在的性格跟外在的性格。距今一百多年前，心理學家威廉．馬斯頓（William Moulton Marston）在《常人之情緒》（*Emotions of Normal People*）一書當中就有了類似的記載。

DomInance 支配型（指揮者），以事為主，理性、快、高調。
Influence 影響型（社交者），以人為主，感性、快、高調。
Steadiness 穩健型（支持者），以人為主，感性、慢、低調。
Compliance 謹慎型（思考者），以事為主，理性、慢、低調。

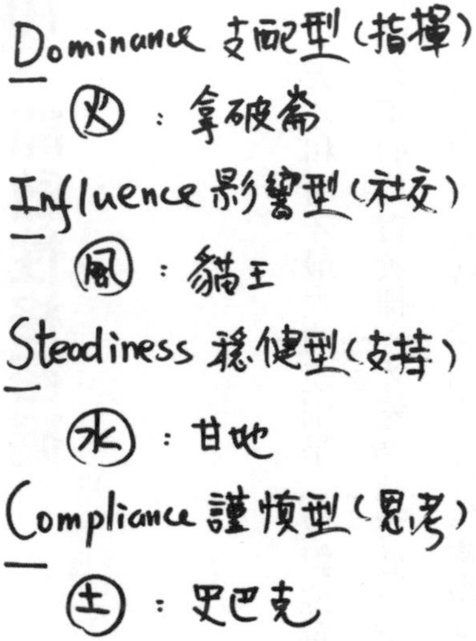

用這樣的說明方式比較容易觀察其差異，不過仍需要提醒大家，不是所有的人都可以分為這四類，而是每一個人都有DISC，只是百分比的高低差異。例如我的D值是偏低的，ISC值是偏高的。

首先我們來先介紹D，這類型的人有企圖心，目標遠大，追求結果，渴望擁有權力，自視甚高，不服輸，很有生意頭腦，而且喜歡做大事業，對人比較沒有耐心，氣場強，絕對的行動派，擅長做困難的決策，不會拖泥帶水。這類型的人是個很好的創業家，創業是他最好的一條路，倒不是這種人有多聰明，而是他不服輸，永遠在面對問題，解決問題，而且體力好，意志力堅定。

或者他可以從事黨政軍警這類型的工作，有階級的地方，他會用超乎常人的行動力及魄力來得到賞識，進而能夠更上一層樓，獲取更大的權利。業務工作有時也需要D特質，尤其是在業務競賽的期間，這種不畏與人爭的目標性，往往是團隊業績重要的來源。

不過D型雖然是一個開創者，但卻不是一個很好的守成者，因為它的變動性太大，從業務面來看，他很有興趣成交客戶，但卻不會服務客戶。

I型人是團隊裡面的開心果，熱情、主動關心人，與人為善，服裝會比較新潮流行，髮型也會有特殊的顏色與造型，聲音表情豐富，往往人未到聲先到，口才很好，聽課的習慣會回應講者，會坐在最前面的位置。這類型的人感覺為重，不喜歡一成不變，口語表達、現場反應、幽默感都非常好，讓這種特質的人很容易成為一位節目主持人。他還喜歡站在人群前得到大家的注意，所以適合從事美妝產業、旅行產業、演藝人員、公關、廣告、人力資源、培訓講師、業務員。若當業務，好處是有利於陌生開發，親和力強，熱情主動。缺點是過度的重視感情，反而在介紹產品時會有一點心虛，因為I型人不喜歡將感情建立在交易買賣上，如果以現在的潮流來看，I型人非常適合當網紅，當直播主，粉絲愈多他愈來勁。

S型的人是一種穩重性格的代表，他比較慢。如果I型的人喜歡講話，S型的人最大的長才就是聽，他的傾聽就是給對方最大的支持。

其對角線的人是D型，所以他們性格剛好相反：D型喜歡做決策，S比較會猶豫不決；D以自己為主，S都會先考慮到別人；D不怕冒險，不怕冒犯別人，S卻極力的避免爭執及衝突的發生；D喜歡追逐權力，S不喜歡權利，追求穩定跟保障，所以比較適合公務人員、老師、護士、客服、顧問、心理諮詢師、非盈利事業、公司總務祕書等。若從事業務的工作，他會以服務為主，會為人設身處地的著想，所以比較容易獲得他人的信任。但是他不願意改變，不敢冒風險，為了關係的穩定，不願意表達其真實的想法，這是Ｓ普遍的硬傷。

最後一種是Ｃ型的人，重邏輯分析，以事實為主，要有制度及遊戲規則，比較沒有人情味，和Ｉ是對角線。

Ｉ的表情聲音豐富，Ｃ則顯得中規中矩，服裝顏色低調，不會有花花綠綠的紋飾，更不會有豹紋款式。這些人重視專業素養，像工程師、會計師、精算師、律師、醫師、檢驗師、機師，這些工作領域必須要嚴格的執行ＳＯＰ標準作業流程，在這種訓練之下，他們也習慣要求別人要有ＳＯＰ，在台灣可能最多出現在工研院、科學園區或是在大學任教，在實驗室或是多年來專注某個研究項目，或是在企業界和網路公司當程式師。這些人在與機器儀器相處的時間會非常的自在，可以迅速解決技術上的問題，但卻容易對人的問題視而不見。他們注意細節，追求完美，結果最後往往見樹而不見林。

這四種特質本來沒有好壞對錯，一份工作往往需要兩種或三種特質互相搭配，有D的目標性與I的社交能力，可能會變成銷售冠軍；有D的意志力跟C的專業，他可能會成為一位大律師或是科技界大老；若是有C的制度規劃能力，再加上I的親和感，他可以成為人力資源的從業人員；有S的耐心跟C的準確性，他可以成為會計或倉管人員；同時擁有D及S，代表他有改變社會的大願，再加上為人著想的無私，這種人可能會成為了不起的宗教家。

我們之前說過，you 對了，money 來了，我們再次回到這句話，因為找到自己的優勢，除了學校學的專業外，還有在性格上的特點，你才能夠找到讓自己快樂工作的方式。只有樂在工作，你才能夠真正賺到更多的錢。延伸閱讀：

一、D是火，I是風，S是水，C是土。D是紅色，I是黃色，S是綠色，C是藍色，這也是不錯的解釋方法。

二、不同個性的孩子及教育方法也不會一樣，這叫因材施教。

三、DISC可以運用在溝通、銷售、激勵、團隊，如果有需要內訓或測驗軟體，可以與實踐家各地的公司聯繫。

四、找到自己人生中最適合的賽道，有時比努力更加重要。

CHAPTER 11 刺激

實踐家教育集團成立於一九九八年，林偉賢老師是非常典型的D型人，我剛好相反，是個大S，林老師有理想抱負，我則得失隨緣，喜歡小國寡民的怡然自得。

這樣的合夥創業，我是真的受到林老師D型特質的影響，無形中經歷了我這一輩子可能都不會經歷的事情。二〇一八年開始，我們每年都會參加大漠戈壁一〇八公里徒步，大陸有專門辦給各大學EMBA學生的徒步挑戰賽，海峽兩岸的名校都會組隊參加，我們則是自己招生舉辦，與專業的徒步交付公司合作，他們會有非常好的後勤補給能力，除了食宿的安排之外，還有最重要的就是全程的安全保障。

一〇八公里，分成四天，分別為二七、三十、三十、二一公里，台灣到敦煌的交通並不是那麼方便，大多數要從桃園飛西安，西安可以待個兩、三天，這十三朝的古都有太多豐富的旅遊資源。從西安到敦煌的航班就很多了。

另外一種方式是飛到蘭州，再從蘭州坐飛機或是火車到敦煌。甘肅的地形很像一根狗骨頭，東西狹長，省會蘭州在東邊，敦煌在西邊，距離新疆已經不遠了，在飛機上建議坐在靠窗的位置，飛機下盡是沙漠，有些山上還有白雪覆蓋。

四天徒步的地貌也不一樣，戈壁灘是最常見的，可怕的鬆軟沙丘，偶爾才會碰到。戈壁灘上會有一些細碎的小石子，土質比柏油路軟，偶會見到小蜥蜴，溜煙般竄過，綠州邊也很容易發現野驢的蹤跡。

我一共走了四趟大漠戈壁，很幸運的是幾乎每次都會碰到沙塵暴以及下雨，當幾百人一起在出發點出發，沒有多久就會將隊伍拉長。後來可能會發現只剩下你一個人前行，看著前方的旗幟，努力的在豔陽下邁步，你連回頭的時間都沒有。

每天早上的七點多，完成熱身後，鳴槍出發，下午正常應該會在三點左右到達營地。年紀最長的有七十歲，最小的有六歲八個月，才剛念小學一年級，每天累不累？累！非常累！尤其是對一個有點歲數又沒有經常鍛鍊的人而言，大概走了五公里後，就會明顯感覺到腿部的不適應。大腿、小腿、膝蓋、髖骨、腰部、背部的痛、痠、麻，排山倒海而來，更可能因為鞋襪的不適合，腳底或腳趾起了水泡、血泡，每踏下一步都會讓你慘叫噴淚，這些我都經歷過。

有些人還會抽筋、扭傷，甚至中暑，心臟不適應，那不是太危險了嗎？不會的。因為出發前每個參賽者都要做健康評估，在路上幾乎每一公里都會有一部越野的保障車，車內有水、有無線電聯絡，甚至那些皮膚黝黑的當地司機，還會不斷的鼓吹你上車，你只要放棄了，GPS的定位手環就會被上繳，當天就不會算到成績裡。

因為團隊的承諾與榮譽，每個人都會抵抗身體的痛苦，還有外在的引誘，那種體力的煎熬、自我意志力的對抗，終生難忘。

一路上不管認不認識的人，都會彼此加油打氣，直至看到遠方營帳，聽到終點的鼓聲，目睹隊友家人的相迎。這條長路是生命的昇華，你會在那一刻用不同的高度來面對現實的問題。這四天，你會有百分之百被愛的經驗，因為「走過大漠戈壁，都是姐妹兄弟」，你更會有百分之百成功的經驗，因為走過無人區，你會發現更強大的自己。

林老師的徒步能力優於我，匀速前進，徒步手杖用的很順手，這個徒步過程讓林老師想起了在讀書的年代，救國團所舉辦的暑期中橫健行隊，林老師當時在大禹嶺駐站當輔導員。後來我們決定重拾那份記憶與精神，也重新規劃了台灣中橫公路一〇八公里的徒步，林老師都全程走完，這條路會經過台灣公路的最高海拔，三二七五公尺的武嶺，真的可以漫步在雲端。走完以後，林老師有了跑馬拉松的念頭，就在二〇二〇年的夏天，林老師真的在台北參加了馬拉松半馬二十一公里的賽事，而且完賽了，獲得一面獎牌。

徒步的故事，真的很多很感人，我們會繼續辦下去，也會繼續讓大家來了解。

我其實並不是很喜歡徒步，有舒服的日子，幹嘛跑到這麼荒涼地方來受苦，每次回到營帳內全身痠痛，寸步難行，得透過拉筋以及精油按摩，才能夠加速體內乳酸的排除，經過每個營帳，都是男男女女的慘叫聲。但是當堅持走完後，我很喜歡完成後的自己，是如此的有正能量，而且還會想再來，想影響更多的人來挑戰自己，一起在這四天創造屬於我們共同的美好回憶。那張挑戰成功的證書與獎章會好好的珍藏，以後可以好好的跟子孫吹牛，想當年……。

一個新經驗的刺激，會讓人開始警覺生活中的麻木不仁、理所當然、習以為常，會開始嘗試一些延續性的改變。在二〇二〇年的上半年，不能到外地工作的生活，在台北，我自己在市區徒步，從東區的敦化南路走到新店，也帶著學員從台北迪化街大稻埕走到淡水河渡船頭，經過了社子、北投、關渡、紅樹林到淡水，全長二十公里，這是我非常推薦的台北徒步路線，有人文歷史，有生態美景。

走路真的很好，生活在台北，去看看你一直很想去卻一直沒有去的地方，這是我的改變。下次你可能會在這條路上看到我，或者我們會在大甲媽祖遶境的隊伍中不期而遇。

延續前面文章的內容，一個人的改變容易嗎？他必須要先去創造及完成一件可以帶來巨大能量的事情，如果沒有這種事情的刺激，人們仍會傾向於維持現狀。徒步過程中的堅持與不放棄，才是背後真正的意義，看是徒步，其實徒的是心！最後補充幾點：

一、徒步活動十分安全，對青少年的成長會帶給他們人生巨大的影響，更重要那幾天手機沒有信號，玩不了遊戲。

二、非常建議親子一起徒步，這一路上會有許多的對話，聊天的機會，也歡迎夫妻檔一起攜手同行。

三、一些重要的裝備，一定要先熟悉，尤其是鞋，新鞋是大忌。

四、敦煌的莫高窟、月牙泉、鳴沙山，以及王潮歌執導的實景劇《又見敦煌》，必須要看，所以建議在敦煌可以多安排一至兩天。

CHAPTER 12 平衡點就是最高點

有一次在河北石家莊聽到一位學員分享，他是一位很努力的父親，在工作時盡心盡力，女兒就全部交給了妻子。他常常需要出差，所以回到家待個幾天就又要出門，女兒也習慣了跟母親兩人在一起的生活。有一次，女兒突然看到父親回到家，忍不住問自己的母親：「為什麼爸爸最近常常來我們家？」這是一個真實的故事，父親的出現竟然變成了不速之客。故事聽完以後，大家都笑了，笑得有點心酸。

也有一位女性分享了她的故事。她原來是一般的上班族，結婚不久就懷孕了，等孩子出生後，她就當全職媽媽把孩子帶到了四歲，然後交給自己的母親，請母親幫忙帶，她因為一個很好的機緣，得以重新回到職場，並且有了自己的事業。

她的事業發展得很順利，也愈來愈忙，本來可以一周回去探望兒子一次，隨著各地代理商的陸續成立，她馬不停蹄的在大陸的一線甚至二、三線的城市，不斷的穿梭，回家變成了心有餘而力不足。

十年過去，孩子已經十四歲了，這時候正是孩子最叛逆的時期，她跟孩子的溝通出了問題，孩子時而冷漠，時而暴躁，她一直試著把孩子四歲時可愛臉龐的記憶連接在一起，但每想一次就多一次的傷痛。在課程上，她哽咽的說：「我不知道我的孩子是如何長到十四歲的，我的腦海裡找不到他成長過程的記憶，我願意用我賺到的錢去換回那段寶貴的記憶。」這世界上最珍貴的東西，其實一旦錯過了，再多的錢也沒有用。

有一個動畫我很喜歡，畫面是一個蹺蹺板，高的那一邊是財富，是money，低在這邊是一個人，是you，人們踏入社會渴望得到財富，就像爬坡一樣，費力艱辛的前行。我們所思所為都是為了賺錢，為了高處的money，這個人過了中間支點之後，蹺蹺板的位置就有所改變了。財富那一邊的位置低了，以前以為好像愈擁有錢，它的價值就愈高，當我們終於到達了一心嚮往的目的地，得到財富後，內心似乎夾雜著失落感。就在那一刻，我們回首蹺蹺板的來時路，you 的那端是空的，你揉了揉眼睛，試著把金錢的符號從你眼前擦去，你會心中一顫，年少的自己已不復在，腦海裡沒有孩子成長的記憶，沒有陪伴父母到老的回憶，沒有帶父母去過他們想去的地方，你會慢慢的往回走，站在蹺蹺板的中間，你領悟到了，平衡點才是最高點。

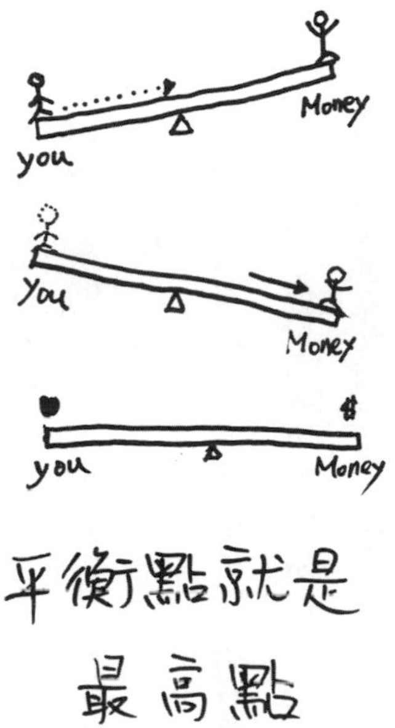

當你的目標是要賺一千萬時，另外一邊也要有一千萬的美好回憶，這一千萬的財富才有意義。蹺蹺板的一端是「厚德」(you)，另外一邊是「載物」(money)，厚德還是放在前

面的，給自己家人、客戶、員工留有美好的回憶，讓自己成為別人心中最美的風景，錢一定會來的。若一直苦於工作多年，囊中依然羞澀，再想想看自己是否有做到厚德這件事？

蘋果創辦人賈伯斯（Steve Jobs），夠有錢了吧？多年前因病去世了，在網路上有一段短文，流傳為其生前的一段話。

「我在商業世界達到了成功巔峰，在別人的眼裡，我的人生就是一個成功的縮影，但除了工作之外，我卻少有其他歡樂到生命之中，我只不過習慣了財富這一生活的事實罷了。

此時我在躺著的病床上，回顧我的一生，我意識到我一生所驕傲的，所擁有的名聲跟財富，在即將到來的死亡面前顯得毫無意義。在黑暗中，我看著輔助儀器上的綠燈，聽著嗡嗡作響的機械聲，我能感覺到上帝跟死亡即將來臨的氣息。現在我知道，我們已經積累了足夠的財富來維持我們的生活時，我們應該追求那些跟財富無關的其他東西。

那些更重要的東西，比如感情、關係、藝術、或許還有年輕時候的夢想。不斷的財富追求，只會把一個人變得像我一樣扭曲的行屍走肉。上帝把感官賜予了我們，讓我們感受每個人內心的愛，而不是由財富帶來的虛幻感。帶不走的是我一生所獲得的財富，帶著走的盡是由愛所沉澱的記憶，這些才是真正陪伴你的，給你力量和光的財富。」

賈伯斯的這段話，就是在 money & you 課程中所說的一張海報，「許多人用生命中大多數的時間在賺錢，而不是去規劃一個值得擁有的生命」。這兩句話是蹺蹺板的兩端，一端是 money，一端是 you，現在的你，在蹺蹺板的哪個位置呢？真心提醒您：

一、這一輩子要賺到多少錢才夠？別說愈多愈好，如果是這個答案，那麼這輩子不是你擁有錢，而是錢擁有你，錢控制了你的時間與情緒。

二、也要問問你的另外一半，多少才夠？希望你們的答案是一致的，要不然未來的生活會出問題的。

三、蹺蹺板的兩端都是財富，只是衡量的方式不同，只有同時擁有，人生才有意義。

四、賈伯斯那段生前的話流傳甚廣，有人說是出自另外一位美國的企業家。在賈伯斯過世前，他的妹妹就在他的身邊，她說賈伯斯的最後一句話是：「哦，哇，哦哇哦……」

CHAPTER 13 來此做甚

「許多人用生命中大多數的時間在賺錢，而不是去規劃一個值得擁有的生命」。這是 money & you 課程中我最喜歡的一張海報，什麼是一個值得擁有的生命呢？

有一年在天津，演講完我帶著我的單眼相機去街上拍照。天津這個城市我很喜歡，因為特殊的歷史背景，有許多租借時期留下來的歷史建築，走在五大道，就像走在古典的歐洲一樣。天津也有美食，還有相聲，去茶館聽相聲，我會帶筆記，一方面放鬆，一方面也可以學習。

那一天先去了古文化街，景區裡面有個天后宮，也是老建築，再過橋走到海河的邊上，過了三岔口，就看到了偌大的摩天輪，名為「天津之眼」；再走一點路，就到了大悲院，這是歷史千年的古寺，在近代有重新翻修過，買好票，進了廟，見一廣場，回首見一堂寺，上面懸了一幅的匾額，上面有四個字「來此做甚」：你來這裡做什麼？

這是一個很平常的問題，像是裡面的神明在提問，我心中立即產生了回應，我來這裡是要來拍照的，帶著大相機，我希望能夠拍到一些精彩的畫面。於是一個多小時的時間，我心無旁騖的在大腦當中構圖、對焦、取景，按下快門。當我逛完一圈走到出口的時候，突然有種「不虛此行」的感覺。

離開大悲院，門口有位可坐，找了一個陰涼的地方坐下，把剛剛拍的照片一一重播，拍了上百張，拍的不好的就直接清除掉，當看到有一、兩張抓拍得非常好的時候，我突然有種「滿載而歸」的滿足感在心中油然而生。

這三個成語「來此做甚」、「不虛此行」、「滿載而歸」，構成了一個哲學觀與人生觀，一個值得擁有的生命，其最高的境界不就在於走的那一刻，對人生有不虛此行、滿載而歸的暢快感嗎？當我明白「來此做甚」時，會更讓你專注於此刻，不浪費時間，離開消極想法，拒絕無謂的應酬。我們生命的極致是「滿載而歸」。

而我們能帶走所有的錢嗎？就像賈伯斯所言，真正能帶走的是這一生的美好回憶。相反的，如果腦海裡面都是不好的回憶，都是爛草莓，這一生就太對不起自己了，太對不起爹娘了。有些事是等不到下輩子的。

money & you 的這張海報加上二十多年的感受，我得到了一個結論，「人生最大的財富不是錢，而是腦海裡有多少美好的回憶」。你的錢可能會被別人搶走、偷走，但是沒有人能夠拿走你腦海裡的美好回憶。當一個人臨終在病榻時，他沒有辦法算口袋裡的錢，唯一能數的是

腦袋裡的錢，它不會如煙般消失，只會隨韶光而愈顯珍貴。

因這樣的因緣與啟發，約在七年前，我成立了美憶會的團體，以 money & you 的畢業生為主，美憶就是美好回憶的簡稱，與畢業生一起從電影中成長，帶著畢業生和家人一起到世界各地旅行，這裡面有太多的故事發生。

人過了五十歲，也明白了自己的天命，此生要為留下美好的回憶而努力！對自己負責任，一生要留下美好的回憶，對你所愛的人負責任，也要在對方腦海裡留下對你的美好回憶。你是個好爸爸、好媽媽、好兒子、好女兒、好老闆、好媳婦嗎？美好回憶是一生的功課，當每個人都在為自己、為別人創造美好回憶時，誰會想到那些不好的鳥事爛事，那些討厭的爛草莓呢？

祝你這一生也不虛此行，滿載而歸。

一、人生有兩種財富，一是口袋裡的錢（you），二是腦袋裡的錢（money），人是乘願而來。

二、了解自己今生來此作甚，明白了，力量就來了。

三、大悲院的位置就在天津的市區，若去北京出差，可以搭高鐵去天津，車程約二十分鐘。到了天津可以坐地鐵或計程車，很近，記得在「來此做甚」下面拍一張照片。

四、滿載而歸後面還有個成語，「含笑九泉」，這是人最終的祝福，含笑的，不是這輩子擁有花不完的錢，而是這一生沒白來，留下了許多美好的回憶。

CHAPTER 14 當個有錢人，做個有情人

「當個有錢人，做個有情人」是我在上 money & you 課程多年後的感悟，也常用這兩句話來送給人。

當個有錢人，我用的是「當」這個字，有錢人並不是要賺到多少金額的錢，要住多大的房子，開多大的車，才叫做有錢人，而是要有有錢人的想法。有錢人不是把錢存在銀行，藏在床鋪下不動，而是懂得運用錢，讓錢幫助社會可以更好，所以真正的有錢人是懂得利眾生。

企業界流行一句話，「財聚人散，財散人聚」，意指當老闆的賺到了錢，如果都歸自己，不跟員工分享，那麼員工都待不久；如果賺到了錢，願意把獲利與員工及客戶一起分享，員工會有凝聚力，各路人才也會慕名而來，所以「能給」才

是真正有錢人的特質。捨得這兩個字也是同樣的意義，能給的人最富有！

世界上知名的企業家，都把獲利轉到基金會，從事公益活動，也會有人每月固定贊助一些慈善機構，或是認養偏遠地區的孩童，這些都是給的方式，都是好事，但並不是我要談的核心思想。我們能給的不一定是錢，給人一個溫暖的眼神，給人一句鼓勵的話，給人一個適當的擁抱，大方的表達你對家人的感情，都代表你的內心是豐富的，當你的內心是匱乏時，你會對外在的世界不斷的需索。

做個有情人，我用的是「做」這個字，做不是放在心裡，而是你真的努力做一些事情。在腦海裡面有許多親情、友情、愛情的美好回憶，除了努力賺錢之外，你要努力活得精彩，要能感受到家人給你的情與愛，也能在每一段感情全力以赴。

美國電影《一路玩到掛》（*The Bucket List*），有兩位黑白老戲骨主演，黑人的男主角叫做卡特，由摩根．費裡曼（Morgan Freeman）主演，白人男主角叫做愛德華，由傑克．尼克遜（Jack Nicholson）主演。兩位老人家除了膚色不同之外，

Money
当个有錢人
you
做个有情人

身份、地位、家庭關係更是有著天壤之別——黑人一輩子修車，家庭小康，熱愛知識，生活美滿；白人則是一個大老闆，財大氣粗，對人無禮，離了好幾次婚，一個人住在冰冷的豪宅裡。命運巧妙的安排，他們剛好住在同一個病房，他們都得了癌症，而且只剩一年的時間。這兩位老人家原來還有些敵視，因為同病相憐的化學作用，卻成了好友，他們寫下了遺願清單，跑出了醫院，展開了他們的環球逐夢之旅。

有一幕他們到了埃及，坐在金字塔上，黑人引用埃及古老的傳說，一個人死之後到了天堂的門口，上帝會問他兩個問題，來決定他是否可以進到天堂？第一個問題是你這一生有沒有找到真正的快樂？如果是，答案是肯定的，你進去了一隻腳。上帝問的第二個問題是，你這一生是否有帶給別人快樂過？如果答案也有，恭喜你，你將可以進入天堂。

在電影中，黑人與白人生命的最後幾個月，他們都帶給對方一段美好的回憶，他們自己的生命也得到了救贖。這部電影有很深的寓意，在全美放映時，各大知名企業的老闆都前來參加首映，並深深受到啟發。

進到天堂的關鍵不是錢，不是股票與房產，而是自己擁有的快樂，以及帶給別人的快樂。美好回憶可以是一個信仰，並且終身奉行，而信條就是這兩句，「當個有錢人，做個有情人」。

一、《命運好好玩》（*Click*），也是同類型的電影。

二、養成寫日記的習慣，記錄自己與家人一生的美好回憶。

三、不只是親情、友情、愛情，這世界很美，多去看看世界美景。台灣很美，要用自己的眼睛去欣賞。

四、歡迎來參加美憶會所舉辦的旅遊活動。

CHAPTER 15

文字是保留記憶最忠實的工作

如何保留美好的回憶，大腦可以無限的儲存，卻不能隨時的提取。昨天中午吃什麼，你可能比較容易想到，但若是一周前、一個月前，除非那一天有特別的意義，你才會有印象。不過，如果你有寫日記的習慣，查看哪一天所發生的事與行進軌跡時，就會比較容易聯想到答案。在過去二十年，我有每天寫日記的習慣，日記上的字有時工整，有時潦草，看得出在書寫時的狀態，比電腦上輸入更有溫度，以後年紀大時坐在搖椅上，「品」日記裡的描述，我彷彿人生又可以再活一次。

敦煌的大漠戈壁徒步，我們重走絲綢之路，唐朝玄奘大師曾經走過。二〇一九年去新疆南疆美憶之旅，從喀什再深入帕米爾高原的塔什庫爾幹，又名塔縣，這與巴基斯坦、阿富汗、塔吉克斯坦三國接壤，這裡有座石頭城的遺址巍巍聳立，漢代這裡是蒲犁國，玄奘去天竺求經時，曾經在此講經，現在還有立碑。在印度那蘭陀寺學成後回到大唐，這前後十七年的時間，玄奘大師把這一路的經歷寫成了《大唐西域記》。

這本書是由玄奘口述，弟子辯機筆錄而成，這本書不只是歷史書、佛學書、旅遊攻略，對印度而言影響更大，中古印度是沒有文化被記載下來的，人們要對那個時代的印度要有所了解，最重要的參考書籍就只有《大唐西域記》。佛教徒所讀的佛經，大多數是由釋迦摩尼佛的侍者阿難所記錄。阿難的記憶力非常好，號稱「多聞」，在佛經上常有「如是我聞」這四字，其意為「這是我在現場所聽聞的」，「我」指的就是阿難。

基督教的《聖經》，也非耶穌基督所著，而是由其弟子在隨行中所記載下來的。伊斯蘭教的經

典《古蘭經》，其原文在世界未創造之先，早已存在天國，後由天使加百列啟示了穆罕默德，然後口述給門徒抄錄而流傳至今。

沒有記錄人們就無從追尋，而文字最忠實的工作就是保留記憶。一本《史記》我們可以知道春秋、戰國時代所發生的事情，一部《論語》的記載到現在，依然成為華人社會的主流思想，有文字才會有歷史，有長久的歷史才能看出文化。

可能有人會說我不用手寫，用ＦＢ發動態，用Line發文，不是一樣可以成為日記嗎？其實寫日記是給自己看的，生活的紀錄，ＦＢ的狀態以及Line的貼文，基本上都是曬優越，去了哪裡玩了，去了哪間有格調的餐廳，跑了多少公里的馬拉松，孩子多麼的天真可愛，發佈這些內容的內在心理，都是希望別人給你點讚。

日記是沒有人會給你點讚，寫得很孤獨，但是很真實，寫日記是生命的完善，是生活中的好習慣。寫日記是一種儲蓄，日記本就是一本存摺，存的是美好回憶，存的是好多好多的往事。

可能受到我的影響，女兒也有寫日記的習慣，用自己喜歡的筆記本，她放在桌上也沒有人會去看它，這是對孩子的尊重。其實看了也沒用，因為她們大學主修日文，所以裡面全是日文，完全看不懂。不過我相信當她們到我這個歲數，還能看到自己十多歲時所寫的日記，看到這一生是如何走過來的，她一定也懂得給她的孩子做最好的示範。

寫日記沒有太早或太晚的問題，只有做與不做的問題。在課堂上我不斷的鼓勵大家，從今天開始，我相信一定有人做了，然後有了正面的影響，感受到生命的富足，未來能從文字中看到十年前自己在事業的掙扎，甚至三十年前甜蜜幸福的洞房之夜，這才是我要的「不虛此行」，「滿載而歸」。記下幾點：

一、一個值得擁有的生命，記錄比記憶更為重要。

二、如果不寫日記，過去的每一天都是灰濛濛的，但寫下的日記，每天都會變得鮮活明白。

三、為家族寫日記，這是作為家的一份子的責任。

四、當寫完一年日記後，寫下該年至少十件要事，這就會是你的該年大事表。

CHAPTER 16 用夢想創造美好回憶

這一生你希望擁有什麼回憶？回憶不是沉浸在過往的歲月，我們可以積極的創造回憶。「世界這麼大，我想去看看」，「來一場說走就走的旅行」，「有些事現在不做，以後也不會去做了」，這些話大家都聽過，也知道，然而從知道至做到的時間又隔了多久呢？有什麼事你一直想去做，卻又始終找藉口沒有去完成？你的夢想還在嗎？除了賺錢之外，你渴望看到什麼樣的風景？渴望有哪些特別的經歷？我希望我們都能夠為夢想而忙碌，而不要因為忙碌而忘了自己曾經有過的夢想。

我喜歡中國傳統老建築，尤其是木構的宮殿，廊橋、寺廟、民居，中國有太多的寶貝可以研究。有一天我突然有一個奇想，想學木工，台灣雖有專業場所可以教授，不過那一週一次的模式，實在不適合我這種常常出差的生活形態，這件事一直擱在心裡，何時才能實現？我的心裡一點都沒有譜。

我想給自己做一張書桌，而且想用中國的傳統工法，不用一顆釘子，全部用榫卯來銜接。大家可能會覺得奇怪，為何我想做一張書桌？難道家裡面沒有書桌嗎？其實有的，只是如果你常常出差，你的書桌很容易被家人佔領，一旦被佔領了，你就幾乎要不回來了。

過去十多年，我出版了近三十本書，大概有八成以上都是在我家的餐桌上寫的。我相信一張老書桌，其實可以放幾十年、甚至上百年，我想做一張可以傳給下一代的桌子。

有次在課堂上說出了我的心願，這個想法不久就有了回應，是個好消息。一位員工的父親是一位老木匠，現在退休了，老家在安徽安慶市太湖縣的一個小鎮，願意來協助我完成這個夢想。於是我排了五天的時間，在一些好朋友的幫忙同行下，我們到了同仁的老家。在一個山明水秀、車輛罕至的水庫旁邊，開啟了一生短暫的木工之旅，也因為短暫而更加的刻骨銘心。

知道我要來，同仁的父親拾回了那些束之高閣的工具，幫我選好了木頭，烤乾了水份，等待我的到來。這幾天遠離了城市，享受鄉野的美食，偶爾還乘著小舟蕩漾在湖心，老木匠怕我不適應鄉野生活，還把衛生間給重新整理了。說是當木工，其實絕大多數的活還是老木匠在做的，我只是打打下手，精確的計算榫卯這種細活，沒有幾十年的修為是做不到的，若不自量力，只會壞了大事。自己能做的就是把木頭給刨平，拿著刨刀，雙手握在木頭上使力前滑，不久腰也痠了，手也破皮了，不過看到從一塊塊大木頭變成桌子的模樣，內心還是很激動的。

桌子跟椅子完成了，非常重，老木匠找人幫忙，貨運到了杭州分公司，如何運回台灣，卻一直找不到方法。很幸運又碰到了一位廣州的學員是做跨境電商的，這套桌椅就又運到了廣州，透過飛機運回了台灣，直接送到我家，現在這張桌子就在客廳的一個角落，它很質樸、厚實、穩重，守護著家的每一個人。老木匠說，這張桌子至少可以放一百年，想想一百年後是什麼樣的世界？我想像不到，但我相信我的孩子會告訴她的孩子，這張書桌是他們的外公為這個家親手做的，可以一代一代的傳下去，我人已不在，但我的守護依然存在！

這幾天在安徽鄉間，白天做木工活，傍晚看紅霞，夜裡坐在庭前看繁星點點，三五好友暢快聊天，終身難忘，這是用行動去創造美好的回憶。

想學英文、日文嗎？想學吉他、鋼琴嗎？想學肚皮舞、國標舞嗎？想學瑜伽、太極嗎？想要去西藏拉薩嗎？想要去日本看櫻花嗎？想很容易，但是光想是沒有辦法擁有回憶的。往事從來不是靠想的，是努力的寫下你的清單，努力的走出去，去做它，做完了以後才能成為你的回憶，所以就從現在做起。

一、一個人很孤單，找個志同道合的人一起同行。

二、從想到至做到可能是一輩子，也可能是一下子，你選擇哪一個？

三、找回你的夢想。每一天不是與夢想愈來愈近，就是愈來愈遠。

四、創造的美好回憶是無限的，別對自己太吝嗇。

CHAPTER 17 示範的力量

腦和心，在習慣領域學說中，主要論述於人類的思想與行為決策，這方面清楚了。對於溝通、教練、領導、激勵等，都能夠找到應對的方式。在money & you課程當中，腦和心的概念，會比較偏重於感覺上的傳遞與獲得，課程中我們用「示範」跟「接收」來詮釋。

我們的工作需要大量用腦，迅速發現問題、分析問題，然後立即找到最佳解方。腦會判斷好壞，會比較，而心是開放的，是接納的；腦渴望邏輯，心會觸動感情的深處。如果用腦來上課，會準備許多的投影片，會有許多的資料來佐證，你會感覺到一種強度的衝擊，聽完以後你會被說服，而心不會。

心的演講，說話的速度會比較和緩，會有豐富的形容詞，那些稀鬆平常的生活瑣事，他可以看到別人沒有看到的趣味，他無需準備投影片，但是你會跟著故事進入到那個畫面，會笑、會哭、會感動。在宋朝，柴陵郁禪師在悟禪時，曾寫下一首有名的偈語：「我有明珠一顆，久被塵勞關鎖，今朝塵盡光生，照破山河萬朵。」這顆明珠可以說是我們的本心，塵勞關鎖可以說是我們的爛草莓，那些不好的往事裡所沉澱下來的負面感覺。今日當爛草莓不再影響我們時，我們可以感受到世間的寬闊與美好；相反的，當有爛草莓在時，我們將沒有能力去表達愛或是接收到愛。

在示範及接收的過程，語言只是一種方式，而且是最低階的表達，學習語言之外的表達，不只對方，旁邊的人也同時在接收，我們也會在接受完後，選擇不同的回應方式。陳東，我們稱他東哥，東哥是昆明的一位學員，廣東人，廚師出身，後來在昆明開粥店，事業非常成功。幾年前，因為父母親年事已高，所以決定回廣州經營新的餐館，同時留在父母的身邊盡孝。

在昆明時，他自覺年輕時在外學藝，工作場所也十分變動，幾乎很少回家。

不過他每隔一段時間就需回廣州一趟，回去幫父親剪頭髮。東哥說，這麼多年父親的頭髮都是他剪的，其實父親頭髮也不會太長，老人家也不需要特別的造型，真的要剪，稍微推一推，十分鐘就可以了，可是阿東都要花近一個小時為父親打理，這不只是剪頭髮，而是父子之間身體親密的接觸。父親可能在理髮的過程中嘮嘮家裡的瑣事，而做兒子的耐心回應，靜靜的去聽，一件平凡的事，會成為兩人內心最美好溫柔的回憶。東哥與父親的故事，我們後面還有續集！

於紅青，是南京的學員，他也分享了一個故事。他的父親年紀也很大了，有一天他發現父親的腳趾縫有些潰爛，原先以為是氣候的問題，後來才發現是父親洗完澡後，因為身子骨比較硬，無法彎腰擦到腳，可能沒有擦乾就穿鞋，以致造成了潰爛。後來紅青在父親每次洗完澡後都會拿個小板凳坐在父親前，用紙巾在每個趾縫間來回擦拭，不需要言語，父子深情的肢體接觸。紅青的孩子看到了父親對爺爺的動作，紅青在示範愛，孩子跟自己的父親在接收，不用特別教，這孩子也學會了在父親不在時，為祖父擦拭腳趾縫。

陈东 / 广州摆渡人 / M&Y437
每年从小到大，除夕前老爸都会带我，并要求我及孙子帮忙布置一下家里，让家更有年会的氛围。今年我自己来弄了，看见他挺高兴的……我想这也算是给了老爸新年的一份美好回憶了吧！發發發🧧🧧🧧🎁🎁🎁🎉🎉🎉🎉🎉🎉老豆剪完个发先过新年精神晒👍👍💪💪💪💛💛🌹🌹

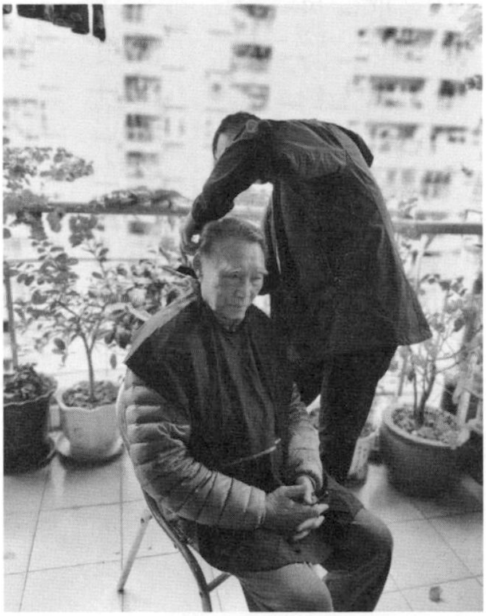

用語言只有一個人在聽，用示範是有震波的，會讓乾涸的心得到滋潤，你要傳遞的是感覺。用腦都是在說事，只在處理表面，用心是感覺上能夠交流，是你能懂我的欣然，會有被電到之感，你會與對方感同身受，且會真情流露。

最後我感覺要說的是：

一、有感覺就會有想法，沒有感覺就沒有想法。有感覺是「覺」，有想法是「悟」。

二、所有的感覺都是平等的，你的感覺就是你的感覺。

三、對方沒有辦法接受，是因為沒有接收到。

四、讓生活慢下來，你才能接收到神奇的信息，才能照破山河萬朵。

CHAPTER

18 善用，才是資產

money & you 課程超過四十年的歷史，華文版也有二十年以上的時間，在英文版的授課老師中，有一位大家比較熟知的就是《富爸爸，窮爸爸》一書的作者羅勃特．清崎（Robert T. Kiyosaki）先生，他在一九八五到一九九四年間教了十年的英文版 money & you，而華文部分除了第一位開創者林偉賢老師之外，還有我、台灣的吳娟瑜老師、吳育儒老師以及馬來西亞的李積盛老師，每個人都有不同的閱歷及學習背景，所以每個人的 money & you 課程也會有不同的切入點及著重的地方。

例如資產和負債的解釋，大多是從投資的角度來看。資產有好的資產，也有不好的資產；有好的債，也有不好的債。而財商的訓練就是要懂得去分辨其好壞，並且知道運用理財投資來讓自己離開老鼠賽跑的生活，進入快車道，走向財富自由，光領固定的工資是很難財務自由的。而理財的目的就在於妥善處理自己的現金及資產，讓他們能產生被動收入，這時我們不再為錢工作，而是讓錢來為我們工作！有好幾套房地產，就一定是資產嗎？如果租不出去，那就不一定是資產，我覺得，善用才是資產。

女生的衣櫃多多少少會有一些新的卻從來沒有穿過的衣服，這一放不是兩、三個禮拜，甚至好幾年了，買了不穿，占了衣櫃的空間，我覺得擁有卻不善加使用就是負債。

一部法拉利或是藍寶基尼的跑車，如果放在車庫裡面，很少動它，也是負債，東西要使用才有價值。

新出的 iPhone 手機的價值不在於它的售價有多少，而是看誰來使用。八十歲的老人用不了高科技，但在年輕人的手上，卻可以一手掌握所有最先進的功能，拍出最耀眼的照片。

你的手是資產還是負債，重點不在於你擁有它，而是你這輩子是否有好好的善用它。當你主動伸出手，你會獲得更多友情，當你比出大拇指來肯定你的部屬，鼓勵你的孩子時，這個手是資產，這只手不止可以白手起家，它更可以溫暖他人。但如果用這只手去指責別人呢？一巴掌打到了孩子的臉上呢？這手無形中也在造孽，給別人種下了痛苦的爛草莓。

在金門當兵的時候，我是會抽菸的，我不只抽，在部隊的工作，其中有一個部分是配給軍菸，後來退伍沒多久，我就把菸戒了。現在想想，當一個人在指縫間夾著一根點燃的紙菸時，這只手肯定是個負債，因為抽菸對自己的身體沒好處，二手菸更影響到家人的健康，所以若有警惕，快把菸給戒了。別讓這只手，成為一生的負債。

我們很幸福，有兩隻手，這雙手是資產還是負債呢？盡情地為人鼓掌吧，讓你的掌聲成為別人一生中的美好回憶。千萬不要捨不得，捨不得就是最大的浪費，因為你可以鼓掌的次數是無限的，善用它，讓它帶給人力量，帶給人希望。

你的眼睛是資產還是負債？如果你常常看到一個人的優點而不是缺點，我相信你會是一個最好的老闆或是父母親；但若你目中所見都是人們的缺點，都在挑剔、挑別人的刺。那麼你的存在只會帶給周遭的人痛苦，進而用言語去傷害別人，還讓自己的嘴巴也成造口業了。

一個人的手眼口都應該有一張資產負債表才對，可以用日、月、年或一生來結算，到底它們帶給自己及別人的是美好的回憶多，還是不好的回憶較多？

大腦之前我們說過，它像是一個水果杯，如果腦海裡面一直存在著爛草莓，那麼我們的大腦一定會是一個負債，因為它讓我們裹足不前，讓我們看不到美，看不到人與人之間的愛與善良。若是此刻有所覺悟，把美好的回憶當成修行之路，那麼這一生才值得來此一遭，才會不虛此行，才會滿載而歸，一個回味能笑的人生才是真的值得擁有的人生。

失敗是資產還是負債？如果你善用了失敗，這個失敗會成為最重要的資產，若因失敗而一蹶不振，失敗就是人生最大的絆腳石。離婚也好，破產也好，落榜也好，希望這些不如意的事都是資產，只要你善用，下一步就是海闊天空。

我對資產跟負債的定義，希望能帶給你一些不同的見解，善用這些觀念，所以：

一、這一生弄明白了，就是資產，搞不明白，一生盡是負債。

二、真正的有錢人，不是鉛筆盒裡有多少枝筆，而是一枝筆從頭到尾用完，用完再買新的筆芯來換。

三、好習慣是資產，壞習慣是負債，老實的寫下來，看看現在你是好習慣多，還是壞習慣多。

四、你的員工是資產還是負債？不在擁有，而在於你懂得去善用，所以DISC這堂課真的很重要。

CHAPTER 19 系統的重要性

在《富爸爸，窮爸爸》一書中，羅伯特．清崎先生用E、SE、B、I，來解釋人的金錢收入的四種形態，E是Employee，員工的意思，員工的薪水是固定的；SE是selfemployee，自雇工作者，像個體戶，其收入由自己工作的時間來決定，像是攤販、作家、木工、演員、歌手、導演、設計師等等。B是Business owner，企業的擁有者，有一群人在為他打工，幫他賺錢。I是投資者，Investor。這種人用錢來賺錢，懂得運用財務槓桿，他們眼光獨到，縱橫在房市、股市以及資本運作，像美國的股神巴菲特（Warren Edward Buffett）等金融大咖。

有一次上課，我當學生，老外老師問現場近六十位來自台灣、新加坡、馬來西亞的企業家學員，E、SE、B、I，你屬於哪一種的身份，然後就去站在課室的四個角落。結果近九成的人都選擇站在企業家的位置，當時身為實踐家的副董事長，我理所當然的也站在這個群組裡。

老師是個美國人，對於華人企業家的龐大人數有點吃驚，覺得我們可能誤解了企業家的定義，他就用英文問：「哪一個人可以離開公司十二個月，你的企業一樣正常運作，不會受到影響，你才叫企業家，才能站在企業家的位置。」經過現場口譯後，許多人包括我低頭默默的離去。這堂課談的是「系統」，有系統才可以複製，其建立需要完整的流程規劃以及實務操作訓練。

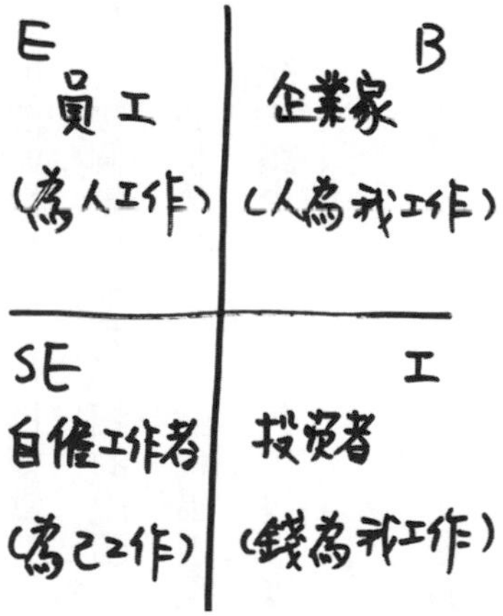

大家如果坐飛機會發現，飛機在起飛降落都有一套標準的檢查程式，而且各家航空公司幾乎大同小異，空服員經過訓練後，即使改到了國外的航空公司任職，在飛行過程中，各個環節要注意的事項是一

樣的，因為職前的訓練都有既定的標準。世界知名的龍頭速食業，包括麥當勞、肯德基、星巴克，都有一套完整的系統。每個崗位、每個動作都有詳細的說明，新人來經過訓練，隨時可以上手，更不用擔心某一個店長離開這個店就會風雨飄搖。企業家的責任不是領導員工，而是建構一套系統，讓企業可長可久，包括接班人的選擇也有一套發現及培訓的流程。

四十多年的 money & you 課程，最讓人回味與津津樂道的是它有一套完整的義工系統，所有的義工都必須要是畢業生才可以擔任。報名成功後要開線上會議，前置日不得遲到，否則會被取消義工資格，義工開會的坐法，進行的方式，都有明文的規定。ＰＤ（program director）課程執行長，會一步一步帶領大家完成，工作有任務分組，即使工作是守門，為大家開門關門，都有一套職掌的要求，讓每一個人都能明白自己的工作崗位之重要性與意義。許多對人對事的細節都掌握到了，甚至團體裡若有人說長道短，或是失敗的協助，該如何面對處理，都有很清楚的規定。

若是上過課，卻沒有當過義工，其實這個課程並不是完整的完成，ＰＤ的角色是需要長久培訓與國際考核，目前可執行工作的除了大陸及台灣地區外，還有香港及馬來西亞，他們可以和任何一個講師搭配，因為有系統就按系統來掌握每一個過程，就能確保每一期開課的品質。這些ＰＤ絕大多數都是資深的學員，資深的義工，慢慢一步一步的培養出來，然後可以支援到各地。

義工工作是完全自費的，自己負擔交通食宿，頭尾要五天的時間，其開銷也是一個不小的費用，可是為什麼大家還願意回來？而且每次開課，義工的名額很快就被秒殺，只有一個原因，是因為這裡有價值，每個義工都會看到自己的突破與成長。雖然累，睡眠時間不如往常，但是結束時的感動會一直縈繞在心，然後好期待下次再來。慢慢的當義工也會上癮，真的當義工比新生學的更多，等你回來印證。

一、系統就是表單加流程，加人性。

二、系統並非一成不變，也需要與時俱進，即使更新，也有更新的標準作業程式。

三、系統不是只有考慮到事情，還包括執行系統者當時的狀態。

四、建立系統後老闆才會自由，讓系統為你工作，系統可以讓事情條理分明，避免人情的干擾。

CHAPTER 20 卓越是會傳染的

以前在念大學時，搞社團活動比讀書還要認真，從校內到整個大專院校，所以在辦活動這件事情上，我自認是有經過完整訓練的。然而當我認識 money & you 課程的後勤系統後，我才自感於以管窺天的窘境。

義工系統，能夠讓一群原來不認識的人，在三天的共事中摒棄小我，互相支持，彼此鼓勵，沒有性別、年齡、權勢、財富的分別，眾人只有一個目標，把每一個微不足道的事情做到卓越，那種成就感是一生難忘的。

有一年在山東威海開課，地點是在一個海濱的酒店，海風吹拂，空氣中彌漫著溼意，在房間裡打開窗，都可以聞到海的味道。上課的會議室是在比較封閉的空間，地上鋪著地毯，用手輕輕觸碰，地毯上染著潮氣，一些資深的義工知道這次課程遇到挑戰了。

課程的第一天晚上有一個和人生規劃、企業經營與投資理財有關的大遊戲。在佈置上，我們要將一個近二十呎長的刻度的尺貼在地上，可是潮濕的地毯讓我們的膠帶無計可施。這種情形不是沒見過，有時地毯的材質特殊，讓膠帶粘不上，曾有過應變的方式是將會議桌收折起，約四張桌子的長度併在一起，然後把尺貼在桌面上也行，只是又有意料之外的事發生了。有人掀開了桌巾，發現桌面竟是黏滑油漬，想找酒店換一批桌子，卻被告知皆是如此。PD課程執行長立刻決定去採買清潔用品，一切工具備妥，就在當天課程中午學員用餐時，所有的義工拎著水桶，帶著刷子與抹布挽起了袖子，幹起了清潔工作。每個人都很認真，在幾十張桌子間穿梭，不放過任何一個角落。在大家的努力下，桌面煥然一新。這些義工有許多是身價非凡的老闆，企業有上百位的員工，但是義工的角色跟責任讓他們放下了原有的架子，開心的做一個最單純的支持者。

人與人之間的行為是會互相影響的，當負責課室佈置的義工盡力追求完美

時，這種能量也會傳遞給其他的義工，發文件的會發到卓越，搬桌子的會搬到卓越，貼海報的貼到卓越，因為「卓越是個帶電體」，能全方位的激發團體每個生命的潛能。卓越是一個組織的生命線，它能激勵並注入心臟活力，一旦它成為被期待的表現水準，就會發展成非常正面積極的人生觀。卓越是一種行為時需要的心態，也是成功的指標。當卓越的氣候形成時，所有的事、所有人員的工作都會變得更加簡單。

這種卓越的後勤工作系統，我覺得比課程更有價值。課程應是吸收與感悟，義工是全身心的實踐，是知而後行的暢快，這在自己的企業或部門裡是立刻可用的實戰寶典。

卓越是會傳染的，馬馬虎虎也會傳染，而且傳染的速度更快。什麼文化在組織中發展，也註定了組織的興衰，義工課程三天的卓越拼勁，讓每個人都有美好的回憶，向上的力量讓人擁有高度的自尊，這種富足感，讓人永遠不忘。

希望你能走進課室，當義工，卓越會帶給你可以感動好久的回憶。請相信：

一、馬馬虎虎，是厄運的開始。

二、文化不是用說的，而是示範出來的。

三、卓越不是要求別人，而是反省自己。

四、每一個卓越會幫助另外一個卓越，要求自己做一個卓越的帶電體，生命就在此刻發光。

暖一顆心，圓一個夢

COLUMN

3

CHAPTER 21 暖一顆心，圓一個夢

二〇一三年美國《時代雜誌》（*Time*）評出年度十大感人的故事，〈蝙蝠小俠〉（Batkid）的故事位列榜首，這個名為邁爾斯．史考特（Miles Scott）的小孩，拯救了世界。

這故事的背後，有著許多人無私的給予，它深深打動了我，這是我成立美憶會、推動美憶之旅很重要的源頭。

邁爾斯在一歲半的時候被確診身患白血病，每個月都要經歷化療的苦痛，同時也要忍受免疫力下降所帶來的不便。五歲的邁爾斯在談起心願時，在紙上寫下了「想成為真實的蝙蝠俠」的字句。漫畫、卡通及電影上的蝙蝠俠以凡人之軀，向惡勢力挑戰，絕不屈服，或許邁爾斯從這些故事中找到了生命的借鑒，而更有

勇氣去對抗身體上的折磨。

美國的喜願基金會（Make-A-Wish Foundation）知道這個故事之後，決定要幫邁爾斯實現這個夢想。他們最初的想法是舉辦一場在公園的聚會，邀請邁爾斯的三五好友和穿著蝙蝠俠的大人歡度一天，他們相信這樣的安排足以讓一個年僅五歲的孩子感動不已。

然而基金會的執行總監派特裡夏·威爾森卻有一個更驚人的想法，想讓電影的故事重現，把三藩市變成高譚市。這計畫於二〇一三年三月開始執行。派特裡夏很快找到相關人員及角色演員，參與者的規模逐漸擴大，從訂製服裝到地點選擇，甚至弄來一輛蝙蝠車，市民們盡其之心，努力的設計流程，就是要讓邁爾斯體驗到能拯救高譚市的榮耀。

計畫開始了，邁爾斯得到一件蝙蝠裝，房間裡的電視剛好播放一個特別的公告。舊金山市警察局局長在畫面中請求蝙蝠俠，說明突然發生在市裡面的動亂：「超級英雄，我們需要你，把小蝙蝠俠也一起帶來吧！」這時大蝙蝠俠出現了，帶著著好裝的邁爾斯一起出發，邁爾斯眼裡閃著光，精神抖擻的開始出任務。

蝙蝠車從暗處駛出，成千上萬的市民激動歡呼，不斷朝蝙蝠車揮手。計畫被準確的執行，大小蝙蝠俠攜手解救身上綁著炸彈的少女，還有一宗銀行的搶劫案，將壞人繩之以法，最後是在一座棒球場，從壞人手上救出了巨人隊的吉祥物。活動的最後也是最高潮，於市政廳前，市長向這位解救了高譚市的英雄表示敬意，並授予邁爾斯巧克力做的城市之鑰，台下民眾萬人歡呼。三藩市日報製作了特別版的高譚市日報，頭條上寫著「蝙蝠小俠拯救了這個城市」。

這個過程被拍成了紀錄片，透過推特及ＦＢ，號召了上萬個臨時演員，活動溫暖了每一個人的內心。

多年過去，奇跡的是邁爾斯的白血病並沒有再復發，這意味著他已經徹底擺脫了癌症的困擾，這是大家的集氣，我也相信眾人的善行會讓邁爾斯這一生都留下最美好的回憶。

在活動結束後，邁爾斯的父母成立了蝙蝠小俠基金會，幫助同樣環境與困難的家庭。喜願基金會三藩市分會，也因為這次活動的成功有了更多的關注度，其所獲得捐款的金額也大大的增加。

上萬個市民參與了這次活動，他們不求報償的付出，希望這個孩子一生沒有遺憾，即使生命可能很短暫，也擁有過想要擁有的時光。市民們是示範者，也是接收者，看似給予，其實內心收穫更大，每一個故事都看在眼裡，想在心裡。人們改變的力量就是這麼逐漸的產生，幫助別人實現夢想，帶給別人美好回憶，是多麼大的功德！

你夢想還在嗎？沒有夢想的人生是黑白的，不管年紀多大或是多小，有一句話說：「除了生死，都是小事。」我不太同意。我覺得生死也是小事，有沒有美好的回憶才是大事，若沒有美好的回憶，生不如死，有美好的回憶，死又何懼？此生要為留下美好的回憶而努力。

CHAPTER 22 牡丹花與歐兜邁

在台北市萬華區的一間老人院裡，我們在這裡透過一部大陸的電影來探討生活在老人院的老人們真實的想法，因為電影就是類似題材和場景。為了更有切身感，大家就情商類似的機構，同時能探訪，深入了解老人們真實生活起居的方式。

那天報名參加者有五、六十人，大家要相互體驗老人餵飯的過程，我嚐過如泥狀般的食物，沒有什麼味道。我吃了一口都不太想再吃了，可是任務是要把半個紙杯的食物吃完，吃的人苦，其實照顧者也很苦。

電影是利用院中老人午休時候播放的，影片中的老人都因為不同的故事住進來，但這些老人心中仍然有心願，想離開那座高牆，看看外面的世界，死了都不冤。當電影看了一半時，門口突然站著兩位老太太，身材瘦小，滿頭灰髮，臉上滿是皺紋，雙手撐著四腳助步器，探著裡面的聲光來源，心中甚是好奇。有人問我該如何處理？我心想這是老人正常生活的空間，我們是客人，可不能喧賓奪主，就讓兩位老太太入內一起觀賞吧，我就坐在她們後方。

老太太很安靜的坐著看，就像入定一般，當劇情到了高潮，電影中的老人掙脫了老人院的枷鎖，偷偷跑到了北方的大草原，一群老人就在河邊嬉戲野餐，他們決定勇敢追逐自己的夢想，身體上的缺陷，癌症的疼痛，都阻礙不了這群老人火熱的心，老人們正在對青春吶喊著。

這時兩位距離我不到三公尺的老太太，抬起了手臂，偷偷在黑暗中拭去了臉上的淚，那個動作是輕柔的，我的心是沉重的，兩位老太太的夢是什麼呢？她們的心中是否有種已無能為力的遺憾呢？

一樣是兩位老太太，這個故事

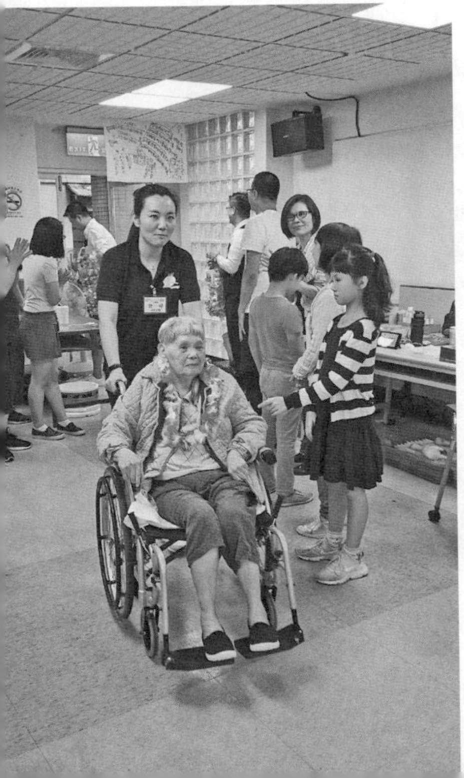

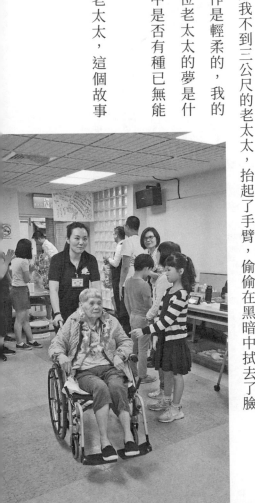

發生在大陸，兩位老太太一個從上海，一個從南京上了高鐵，在河南的洛陽下了車，兩個人一直手牽著手。兩個人的歲數引起了鄭州分公司同仁的關注，她們都快九十歲了，來洛陽的目的是為了賞花。洛陽的牡丹天下第一，每年四月都會吸引全中國大陸的遊客慕名而來，花季不待人，錯過就要等來年，老人說，這是她倆第一次來洛陽，也是她們第一次在牡丹園裡賞牡丹，看到美麗的牡丹，我在想她們應該會笑得像少女一樣吧！這又會不會是她們最後一次看牡丹呢？這種近似離家出走的勇氣，只為

一次渴望的綻放，叛逆不屬少年獨有，高飛的夢都需要一些逆行，就像風箏一樣。

二位老太太的晚年有牡丹花的回憶，有好朋友的回憶，這回憶不是來自雜誌上他人拍的照片，不是來自抖音或中央台的現場轉播，她們就在花叢中，聽到世人的讚揚聲，聞到真實的花香，看到千姿百態的嫵媚。回憶是要用自己的感官去創造的，用你的眼睛去欣賞、去記錄，只為追尋一段心中渴望的美好。

在台灣也有一個很振奮人心的故事，弘道老人福利基金會於二〇〇七年發起了「挑戰八十，超越千里，不老騎士的歐兜邁（摩托車）環台」，組織了十七位七十歲以上的老人家在身體條件合格，有機車駕照，同時需要進行體能訓練後，展開了十三天的摩托車環島壯舉。

這些長者平均年齡八十一歲，其中兩位罹患癌症，四位有聽障，需要佩戴助聽器，五位有高血壓，每一位都有退化性關節炎。這段過程後來被拍成了紀錄片，除了忠實呈現這十三天所碰到的難關與有趣的故事外，每位長者也有自己悲歡離合的故事，最後交織成一篇動人且溫暖的篇章。

這個活動一直在辦。二〇一九年，還有一位九十四歲的老人家參與環台，其飛揚的心不輸一個小夥子。當然這十多年間，一些參與活動的長者已經過世了，但是我相信這一路的風景和點點滴滴都會是一生重要的回憶。在生命最後那刻，他們數不了銀行存款、基金股票，他們唯一能數的是腦袋裡的財富，走過的路，看過的風景，愛過的人以及完成的夢，能實現內心夢想的人真的很富有。

CHAPTER 23

去見你想見的人

你有沒有一個很想見的人？有沒有一個許多年不見，但心裡常常掛念的人？年輕人可以透過社交軟體或是網路搜尋這個人的近況，可是對老人家而言，想表達關心卻又擔心聽到不好的消息，這種矛盾的心情，家裡若有老人，做兒女的多多少少都會感受到那種心情。

父親退休前在中華電視台工作，老三台的風光年代雖然已遠，但卻是我很難忘的記憶。小時候也常去探班，也看過電視連續劇的製播，念大學時期我也在華視的業務部實習過，因為當時電視台的成立背景特殊，父親有許多過去軍方的同事也陸續轉任於此，彼此感情都很深厚，下了班也會相聚在家裡打麻將，過年也會互相登門拜年，退休後也會相約共敘。

不過父親過世後就沒有太多聯繫了，母親常常問我是否知道某些叔伯健在與否，也曾到五指山軍人公墓祭拜父親時，請工作人員按名字來查，看是否已「入住」，結果是查無此人。

父親若在世，今年剛好一百歲了，這些父執輩當然也近這個歲數，雖不見白帖，亦不曾見報頭啟事，但也不一定仍在。後來我直接打電話給榮民服務處，表明意圖之後，工作人員告訴我，母親想要探知的長輩都已不在。母親不禁唏噓感歎，生前若能再見一面，再摸次八圈牌，一邊回憶過往該有多好。父親在牌桌上人稱「郭一刀」，都是這些老同事、老牌友取的，即便我想知道緣由，現在也無人可問了。

現在你的父母或爺爺奶奶或是外公外婆有很想見的人嗎？過年對中國人而言是最重要的節慶，忙碌了一年甚至多年後，終於可以回家探望至親，城市的人們帶著孩子返鄉，只為了一頓母親忙了好幾天的年夜飯，用美食來表達愛，這是中國母親永遠不會改變的方式。

在上海工作的魏欣帶著母親及妻小回安徽阜陽老家過年，外婆已經八十三歲了，那天吃完了晚飯，忙完廚房的活，外婆很高興大家回來，一家團聚的時候本來就不多，大家應該分外珍惜才是。可是外婆看著大家想開口卻把話給咽了下來，客廳裡的人都在低頭玩手機，電視上的節目沒有人在看，彷彿歌手歌聲的存在是為了化解空氣中的冷凝與尷尬，外婆仍然孤獨的坐著，坐在一個角落沉默不語。

魏欣似乎接收到了外婆的心情，就跟外婆聊了幾句，也聊到了夢想，外婆說：「現在生活吃穿都有了，還需要什麼夢想呢？已經知足了，只是想到了一個人，以前村子裡有一個姐姐，待我很好，不知道現在還在不在，想去看看她。」

魏欣聽完立刻應允外婆，要開車帶外婆去找老姐姐。魏欣的言行讓原本安靜的環境騷動起來，舅舅阿姨們紛紛表示強烈反對，說外婆年紀大了，這趟出門舟車勞頓，會有安全的顧慮，勸魏欣打消此意。

此刻魏欣內心堅定，仍然要帶著外婆出發，因為他明白這趟行程對外婆及對自己的意義為何。幾個小時後，村子口已在眼前，魏欣特地將車速放慢，讓外婆回憶闊別已久的地方。

這時一位在路上行走的老太太之身影自遠而近，外婆認出就是這位老姐姐，下了車，魏欣就問這位老太太：「看，是誰來看妳啦！」老太太張大了眼，滿臉是驚喜，握著魏欣外婆的手一路往家裡的方向走。

這位老太太已經九十三歲了，兩位老人家聊了好一陣子，魏欣提醒外婆，時候不早該回去了，外婆起身對著老姐姐說：「我走了。」老姐姐說：「好，你

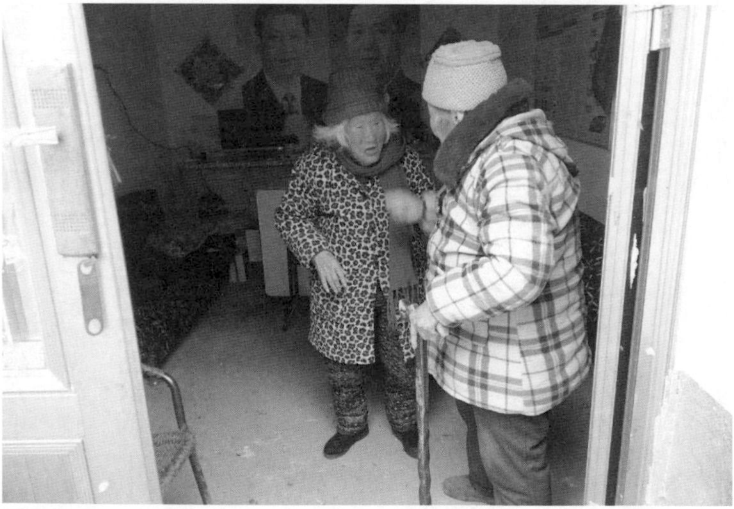

走吧。」嘴上說著道別，但兩個人的手都不願意鬆開。

這樣簡單的對話在送行的路上不斷重複著，魏欣用手機把珍貴的畫面記錄了下來，當他跟我分享這個故事時，眼角是濕潤的，我亦感同身受的落淚，此刻在寫這篇文章時，想到送別的畫面，眼淚依舊難抑。

魏欣做了一件對的事情，如他所說，兩位老人每見一次面就少一次，我們能做的是給她們提供更多見面的機會，他相信外婆今天會留下美好回憶的。我相信能給的人最富有，魏欣不止

那一天、甚至那一年，都會為這件事留下美好的回憶。

家裡的老人家還有何心願未了？還有哪些人想再見一面呢？生命的完整比賺錢更重要，帶給別人美好回憶，是多麼幸福的一件事情。

CHAPTER 24 起立，敬禮，老師好

你有一位多年不見卻十分想見的人嗎？

我有！

小時候住在北投大屯山下，小學念過北投國小、薇閣小學，五年級時轉學到台北敦化南路上的復興小學。這是台北有名的明星小學，高手如雲，初來乍到，每次月考都敬陪末座，父親非常擔心，就拜託級任老師董老師能夠在放學後為我加強功課。老師住在仁愛醫院附近，民國六十幾年的忠孝東路並不繁華，車子也不多，那附近的房價也沒有開始上漲。

那時董老師約四十歲，氣質優雅，她教我們國語跟數學，放學後的晚餐是在老師家吃的，大多數時間是煮麵，寫完功課，看完功課差不多也要八、九點了，

那時已經搬到台北的東區來住，從仁愛路走回家，也需要大概半小時左右的時間。

董老師做的醃黃瓜十分好吃，酸脆爽口，我很貪食，董老師還把做法告訴了母親，讓母親可以在家裡做給我吃。還有一次台北市氣溫驟降，董老師擔心我夜裡走回去會感冒，把她孩子的一件外套給我披上，後來這件衣服也送給了我。董老師是外省人，聲音很好聽，笑得很美，但是生氣時卻又還有威嚴，印象中常穿一條白色的長褲，襯托起高挑的身材。對一個小學生而言，老師像一座山，是崇高的，想親近卻又有距離感。

董老師帶了我們五、六年級，小學畢業後進入初中、高中、大學，踏入社會，以至於成家立業，都沒有和老師再聯繫，也不知道老師的近況，慶幸現在有通訊社交軟體，通過LINE，我們有了五、六年級同班的群組，而群組的頭像是董老師當年的照片。

四十多年過去了，當時十一、二歲的孩子都已坐五望六，散居在全世界各地，但談起了那段共同的回憶，大家才真正感受到同窗之誼的單純與珍貴。有些同學還保有當時的照片，發到群裡，每個人都勾起了對董老師的思念，董老師不知現在人在何方？後來有人查到了消息，老師已經退休多年，現在定居在加拿大的溫哥華。

加拿大真的很遠，上次去美國還是一九九四年剛結婚時，與內人及岳母一起赴美西參加團體旅遊，直到二〇一八年實踐家公司的業務拓展，我們開始在加拿大的溫哥華及多倫多為華人辦課。那一年的五月，溫哥華的課是由我來上，我第一次踏上了加拿大的土地，本想在課後去找老師，但又擔心叨擾到老師，怕四十多年了，老師早已把我忘了，再加上溫哥華氣溫多變，冷熱不定，第一天就感冒發燒，吃了三天的止痛退燒藥，勉強把課上完，如此狀況，更不適合去探望長者，此行因此作罷。

二〇一八年的秋天，我辦了一次一生難忘的美憶之旅。沿加拿大西岸的洛基山脈，一路房車北上，再從卡加利（Calgary）飛到黃刀鎮，看北極圈的極光。這條旅遊的集合地點就在溫哥華，同一年第二次到達溫哥華，我對這裡的天氣已有心理準備。

接著鼓起了勇氣，排除一切的擔心，我請加拿大的同仁幫我打老師的家裡電話，電話通了是老師兒子接的，當電話轉給老師時，電話端輕輕傳了一聲「喂」，我的心激動不已，因為老師的聲音沒有變，就像她仍然站在講台一樣，我跟老師介紹我自己，老師很快的接著說：「我記得你……」。

那刻我鼻子一酸，不敢再多談，表達了想去拜訪老師的想法，老師立即把地址給了同事。很幸運的距離現在吃飯的餐廳只有約二十分鐘的車程，只是接下來的美食佳餚已然失去滋味，我直感覺我的心撲通撲通的在跳……！

因為修路，這二十分鐘變成了五十分鐘，終於找到老師住的那一條路。一排的洋房延伸到好遠，看著門牌號碼一路的向前，同時看到前方有個身影站在路旁，同事問我，那會不會是我的老師？我說不可能，老師不可能在馬路上站這麼久！最終我錯了，車子在那人身旁停了下來，我下了車，已經泣不成聲，只是緊緊的抱著董老師，四十二年沒有見面了，抱著老師時，我突然覺得老師縮水了，

以前是仰著頭看著老師，現在完全不用，原來我已長大，不再是瘦弱的小學生，而是八十公斤的大漢。

老師看我哭得稀裡嘩啦的，用她的兩隻手輕撫我的臉龐，說：「乖，不哭了……。」我看到老師也哭了，她沒想到移居加國三十多年，還有學生從台灣過來看她！老師牽著我進屋，桌上已經有盤切好的水果。

在老師家聊了兩個多小時，老師已經八十多歲了，去年師丈過世，剛到溫哥華時，老師在教當地華人國文，平時也會參加合唱團的活動，跟老師彙報了我的工作及家庭的狀況，老師對我們班上的成績都十分引以為榮，一些調皮的同學老師更是印象深刻。

在離開老師家前，特地跟老師合拍了幾張照片，當然我也沒有空手去，我準備了一份禮物，您可能會猜應該是我寫的書。不對，我送的是一本台灣現在國中生的國文教科書，這本教科書裡面有一篇課文是我寫的文章，我覺得對我的小學級任老師而言，這份禮物更有意義。

我的到來與老師共同回憶的往事，連接起四十多年的師生情緣。我相信我會給老師一輩子教育工作留下美好的回憶，這份回憶也是我主動去創造出來的，是我腦海一筆好大的財富。希望你能接受到我的示範，去找到這個對你生命很重要的人，對他（她）說出你的感謝。去看了董老師，這是我這輩子做過最棒的事情。

CHAPTER 25 戀戀極光

極光是很多人內心嚮往的美景，中國大陸最北的漠河有一個北極村，但是看不到極光，若要看，一是到北歐的冰島，二是到北美洲的加拿大，這兩地都很靠近北極圈。

先科普一下極光的知識。極光是大自然中最為壯觀且美麗的景觀之一，在高緯度的天空中，由於來自磁層和太陽風的高能帶電粒子和高層大氣（熱層）中的原子相互作用，通過地球磁場，由巨大的電子雲團產生明亮豔麗的綠色弧光，有時會伴隨著紅色或粉紅色的邊線，曼妙多姿神祕莫測。總之想看到極光，都要飛越很長的距離，到很遠的地方，痴痴的等候，能看到與否，要看一些運氣。

二〇一八年五月在加拿大溫哥華上課時，我就跟當地的學員表達想去看極光的想法，當地學員說可以秋天來，加拿大的秋天極美，看完秋色，就可以飛到黃刀鎮。

黃刀鎮，一個很有武俠味道的地名，位於北極圈以南百公里，據說這裡一年有兩百四十天以上，可以看到北極光，住上兩、三天就會有九十％以上的機率可以看到。在眾多的極光觀測地中，黃刀鎮被美國太空總署ＮＡＳＡ評為全球最適合觀測極光的地方。幾年前英國威廉王子與凱特王妃訪問加拿大時，也曾經下榻當地，因為處於內陸，受海洋氣候的影響微乎其微，所以現在頗受世人、尤其是華人的青睞。這裡除了綠色的極光之外，有時也會看到粉色、黃色、紫色的極光漫舞！

我們的極光之旅，在同年九月下旬開始了，大家自己飛到溫哥華，然後由當地的學員對接當地的旅行社來安排行程，也算是一種訂製化的走法。二十多人只有我一個台灣人，其他來自大陸，有河南鄭州、陝西西安、湖南長沙、浙江溫州、山東威海、江蘇南京，都是美憶會的家人，再加上當地的華人，大多數都是

money & you 課程的學員，到溫哥華當天的下午，我還去探望了我四十二年前的小學老師。

隔日我們就坐著旅行的房車出發，我們要一路北上，在房車上要住六天，這是人生第一次的房車體驗，一路上將會看到加拿大最美的湖光山色，還有冰川奇跡。開車是當地的華僑，都來自中國，語言可以通，若是碰到不懂的地方，隨時可以請教。

三部房車，就這樣在地廣人稀的公路奔馳，加拿大的房車旅行十分成熟，幾乎處處可見。它的配套措施也相當完善，房車並不能夠隨意在路上紮營，每晚我們會到達一個房車的營地，營地內規劃好了位置，就像酒店有房號一樣，價格也不便宜，熱門的點有時還訂不到。

房車一到營地就接上水電，司機們開始煮飯，幾個卡式的瓦斯爐開始工作。司機們很有經驗，在出發前已備妥了生鮮食品，我每餐吃的都不一樣，早上有麵包配火腿，也有稀飯配罐頭和煎蛋，山林野外，這些最簡單的東西吃起來有著特別的滋味。其他正餐有捲餅、中式的麵條、咖哩飯，還有一餐自己擀皮包餃子，也有一餐一人一隻加拿大龍蝦。這和旅行團的團餐相比，條件上是差一些，但是大家一起幫忙做，一起分擔，還是非常符合美憶之旅的精神。

雖然房車上有衛浴設備，但是洗澡大多還是在營地裡的公共浴室，空間大，水量足，穿脫衣服都施展得開來。有些營地還有按摩池，有一天晚上幾個人穿著泳衣，在按摩室裡放鬆，水氣漫漫，皓月當空，大地靜寂，愛人若在身邊該有多好。

營地裡，每輛房車就像是一個小小的家，大家喝著咖啡聊著天，也可以互相串門，這是坐大巴所感受不到的。有一天早晨早起，我看到幾隻麋鹿在房車前

面經過，身體大到像隻牛，頭上有著長長分歧的犄角，在加拿大國家公園裡這種場景並不特殊，但對生活在台灣的我而言，還是開了大大的眼界。

房車行程的最後一站是卡加利，從這要坐小飛機到黃刀鎮。黃刀鎮真的不大，迎接我們的也是一個中國小夥子，在加拿大讀書，旺季時到黃刀鎮來賺觀光錢。

我們在黃刀鎮住了三個晚上，每天晚上十二點出發，開始追逐極光，很興奮的是第一天淩晨我們就在好幾個地方看到了極光，有帶長槍大炮設備的都拿了出來，希望能留下幸福珍貴的瞬間。極光用一般的手機是拍不到的，

導遊直接告訴我華為手機的專業模式之參數要如何設置，再加上腳架，就可以進行我與極光的美麗約會。同行者有夫妻檔，也有情侶，美景當前，有心愛的人在身邊，人生夫復何求。我想我們很幸運，第一天就拍到了，因為接下來二天極光就消失的無影無蹤了。

在黃刀鎮的最後一天，也是行程的尾聲，我們手勾著圍起了圈圈，輪流分享此行的感想，我們最終也為一對情侶策劃了一場求婚儀式，在極光的祝福下，男主角單膝下跪，捧著一束花，現場響起了張宇的《給你們》：

「他將是妳的新郎，從今以後他就是妳一生的伴，他的一切都將和妳緊密相關，福和禍都要同當。她將是你的新娘，她是別人用心託付在你手上，你要用你一生加倍照顧對待，苦和喜都要同享……」

所有的人都在見證這一刻的美好，然後一輩子在腦海裡儲存著。

從卡加利再飛到了溫哥華，我們又各自飛往各自的家鄉，但是二〇一八年的加拿大之行一直在我心中縈繞，這是我還想再去一趟的行程。希望我們可以未來一起同行，一起戀戀極光！

CHAPTER 26 一盤菜，一塊錢

在台灣生活最值得感恩的是全民健保制度，雖然年年虧損，但是保障了老百姓基本醫療品質，讓各地華人都很羡慕。大陸的貧富差距，城鄉差異雖然日有改善，但在就醫問題上就有天地之別了。有錢人掌握到更多的社會資源，可以擁有比較好的醫療環境，可以花錢請有名的醫生，用名貴的藥材，施行天價般的手術。

病痛是不分有錢沒錢的，一個重症就足以拖垮一個中產階級的家庭，甚至一個窮苦的家庭，會乾脆放棄治療，一起尋短。

經濟條件若允許，可以住一個人的病房，可以找二十四小時的看護工，若不允許，只能讓家人照顧，短暫幾天還好，如果是需要長期看護的，家人可能要辭掉工作。若是團體病房、醫院沒有提供親屬休息的地方，這些照顧病人的家屬如

何生活呢？因此大陸的一些專治腫瘤的醫院附近，就會慢慢形成了癌症村、癌症街，病患與家屬間相互支持打氣，也互相照顧，誰都不知道，今日見了，明天是否還能再見。

在江西南昌腫瘤醫院附近，一條小巷子裡，老萬和妻子阿香經營一個小攤，早上賣早餐也批發油條到附近的學校食堂，後來有人來借煤爐自己燒菜，原因是家屬不想買外面餐廳的飯菜，省下的每一塊錢都是救命錢，同時也想讓因病受苦的家人吃到熟悉的家鄉味，能夠因為美食的回憶增加活下去的勇氣。

老萬夫婦生活在這個環境，當然明白這種濃濃的煙火味會帶給人們愉悅，會帶給人們對下一餐的期待。剛開始是免費，後來一傳十，十傳百，雨棚下的小攤，愈來愈多的人來借煤爐，老萬考慮到成本下決定開始收費，每道菜一塊錢，這錢主要是用來買煤球的，數量最多時，一天有一百多人來借用，有近二十個爐火在炒各省各地的家鄉菜，巷道上到處堆放著鍋碗瓢盆。

這樣的善舉已經二十年了，而且一道菜一塊錢的加工費至今都沒有改變。老萬算算成本是月月虧，年年虧，但是只要看到能夠為那些經濟條件不好的外地人省些錢，能讓病人吃得開心，有體力與病魔對抗，身體能夠康復，返回老家。老萬夫婦覺得這比賺錢更有意義。

南昌抗癌廚房的故事，後來傳播出來，成了網路上的熱搜，也引起了當地政府的注意。為了改善棚搭的簡陋環境，也讓老萬夫婦的善心可以延續，於是在附近找了個小房子，把一樓變成了大家共用的廚房，從此不再日曬雨淋。

《聖經》上有一句話：「喜樂的心乃是良藥。」保持快樂的心，賦予對未來的希望，這也是治療的一部分。美食是可以療癒心靈的，倒不是要山珍海味，或是米其林大廚精心烹調，可能就是最平凡的家鄉菜，是媽媽或奶奶的老味道，那裡有成長

的記憶，莫大的哀傷都可以撫慰，即使一邊吃，一邊落著淚！

老萬夫婦多年的付出最終得到了什麼？在攤子的牆壁上寫滿了密密麻麻的電話號碼，是受惠於老萬夫婦的病人或是家屬留下的，這些人邀請老萬夫婦以後到他們那裡做客，以表回報，而這對夫婦更獲選進入中國好人榜。

想想看一個簡單的廚房，還用著煤球的爐子，切菜聲、入鍋聲、翻炒聲、鍋碗瓢盆的碰撞聲、各地方言，每一道菜都飽含著父母之愛、子女之孝、夫妻之情。

謝謝老萬夫婦的佈施，用美食的記憶喚起家人之間最誠摯的情感，給了人們戰勝病痛最堅強的身心後頓。

CHAPTER 27 最後一次點餐

時報文化曾出版一本書《幸福死，面對死亡的31個練習》——用你想要的方式告別，作者為日本作家石賀丈士，這本書對於罹癌後的飲食有些不同的看法，這樣的內容可以延續我們上一篇談到的南昌抗癌廚房的故事，同樣用對美食的記憶與渴望，來讓人生的終點活得更有尊嚴。

作者提及許多人在住院過程中都有食欲不振的狀況，其原因有一個部分來自於藥物副作用所帶來的影響。作者主張患者應該盡情享用自己喜歡的食物，因為它能為人帶來充沛的活力，由此可以重新換回食欲，尤其是針對生命末期的患者，作者建議應多喝一些碳酸飲料，吃霜淇淋。

這種論點，醫生及護士不表贊同，然而作者認為這是符合營養學的方法。作者舉例說明，一名胃癌患者在出院後一個月只喝可樂，自然地恢復了食欲，可以再次吃下他喜歡的食物。另外一位肺癌的患者在出院後的幾個月，只吃他愛吃的紅豆霜淇淋，結果他的健康狀態比住院期間還要好，壽命也遠遠超過醫生之前所宣告的剩餘時間。

因為不論是霜淇淋或是碳酸飲料，都含有大量的糖分，其口感滑順，不需要咀嚼即可吞嚥，體力會慢慢恢復。不過這種觀點還有時間點上的考慮，在罹癌之前，限制糖分和蛋白質的攝取，對於預防疾病是有效的；只是在確診之後，若營養不足，免疫力就無法運作，因此大快朵頤自己喜歡的食物，遠比限制飲食更重要。醫學的事有各種講法，本是常態，我們就用比較折中的做法，接下來這故事發生在日本。

在日本大阪淀川基督教的安寧病房，每週有一餐讓病患自由點餐，病患想吃什麼，就提供什麼料理，對於醫院的這項關懷服務，日本厚勞省補助醫院伙食，食材超出預算，則由醫院吸收。該院副院長池勇昌之表示，提供自由點餐是因為病患愛吃的料理，背後皆有一段美好回憶，透過飲食能照顧到病人的心，給他們力量。

有一年四月某天的晚上，淀川醫院有一名營養師在探視病患松井正二，詢問松井先生想吃什麼？七十九歲的松井先生的體重只剩下四十公斤，兩頰凹陷，他說想吃生魚片。隔天晚餐送來了，有鰹魚生魚片、醃黃瓜、湯、飯和橘子，那一刻松井先生兩眼發光，享受了盤上的美食。一天後松井先生陷入昏迷，五月初就離世了，生魚片是他人生最後一次晚餐。中井先生從小在漁村長大，愛吃魚，而這道料理是對一生的感懷，然後沒有遺憾的說再見。

還有一位六十多歲的男病患，在年輕打工時吃過一家担担麵的美味，點了担担麵，吃完連辣勁十足的湯底也一乾而盡，此舉不只讓他元氣百倍，更讓他找回了年輕時在職場工作的拚勁與成就感。

另外有位五十多歲的女病患點了海鮮丼，還要求飯菜內要有孩子們愛吃的鮪魚、鮭魚，因為要跟他們一起分享著吃。另一位女性則點了巧克力聖代，並指出要做的像她常去的家庭餐廳一樣，因為那裡有她跟家人的美好回憶。

還有一位名為安東多美的女性，她是七十六歲的老太太，每週都固定點茶碗蒸，她說她不是個好母親，但孩子小的時候每逢生日，她一定會親自做茶碗蒸，吃的時候像尋寶一樣。當料理師把茶碗蒸送進病房給她時，老太太滿臉興奮的打開了蓋子，她說：「有太開心的事會讓我想多活久一點。」

南昌的腫瘤醫院旁的抗癌廚房裡，不論是炒菜、燉湯的家屬或是品嘗的病患，我相信那一刻內心是萬般漣漪的，因為往事並不如煙，家屬會互相聊起這道菜的故事，病患能接收到家人的鼓勵與支持，能從病痛中再次振作起來。

是應該要有一道可以讓自己振奮的料理，我的是「梅乾菜蒸肉（絞肉）」，你呢？

CHAPTER 28

讓我再站起來

在深圳美憶會時，有一位女生聽到我談到美憶之旅，很好奇，很期待的問我，能夠帶母親來參加嗎？但是母親的行動不太方便，不知是否可以？

這個女生的名字叫做張曉紅，是在深圳工作生活的潮汕人，看著她年紀尚輕，母親年紀應該不大，就當場慨然應允。

秋天到大陸，北方的山頭都變成五彩斑斕。在一片綠色中炸出銀杏的黃和楓葉的紅，聽說少林寺附近有少室山，其秋色在河南赫赫有名，我也曾在微博上看過那一帶空拍的影片，美到讓人無法呼吸，所以就規劃了由鄭州出發的少林寺賞楓美憶之旅，以鄭州當地家人為主，張曉紅也帶著母親坐著飛機來到中原大地。

清晨薄霧環繞，還帶著秋涼，集合處，大家趕忙吃早餐，然後上大巴，我看到張曉紅帶著弟弟與母親。這位母親戴著帽子不發一語，沒有笑容，坐在輪椅上，也不和人交談，我對曉紅點點頭，很高興，她如願把母親帶來，心想母親大概腳走得慢些，所以坐輪椅，這不礙事。這次行程有好多人都帶著八十歲的老媽媽，走路都慢，到時我特別找人照顧就行了。

而接下來這一幕我嚇到了，曉紅的弟弟很熟練的把輪椅上的母親背起來，用很吃力的步伐上了大巴的後車門，上去後安置母親坐妥當，曉紅忙著收拾輪椅。曉紅的母親不是走的慢，而是根本走不了，接下來會碰到的挑戰跟困難，一一在我心中閃過，我微笑看著，心裡著實忐忑不安，突然有三句話在心中浮現：「不要怕，有我在，讓我來！」

在車上大家都會自我介紹，曉紅提起了她家的故事，在她很小的時候，父親就因故去世，母親一方面要躲避壞人，又要工作，照顧幾個孩子，姐弟從小看到母親一路走來的艱辛，點滴在心頭。後來母親因病手術，留下了半癱的後遺症，基本生活都需要靠人幫忙，可是姐弟卻異常的孝順，弟弟長時間揹母親，自己的腰椎都受了傷。後來母親就很不喜歡出門，不希望給子女增加負擔，也不願造成他人的困擾，這多年來已經很少離開深圳了，更何況飛到遙遠的鄭州。這一趟出門幾乎是被逼的，早上離開酒店還不時的發脾氣，跟張曉紅起爭執，嚷著要回去，上車前的臉色就是這麼來的。

我在車上表達了美憶會的宗旨，不分彼此，要把每一個人的父母當成自己的父母親來對待，來照顧，要全心全意的讓每個父母親在這趟旅行留下美好的回憶。

在少林寺的匾額前，拍了一大張合

照之後，一行四十多人魚貫進入寺內參觀，曉紅母親的輪椅身旁除了姐弟之外，都至少有五、六個人隨侍在側，若是都戴上墨鏡，這陣仗肯定會引起遊客的側目。

入寺的門檻頗高，這輛輪椅本身的重量就不輕，要扛起來至少要四、五個人，還要有一個人負責把曉紅母親沒有知覺的那只腳抬起來抬高，以免輪椅過了卻又絆到腳。入少林寺山門後，左右是鐘鼓樓，逐高往上是天王殿、大雄寶殿、藏經閣、方丈、立雪亭，然後是千佛殿，每個地方都有台階，但只要一有台階，就自動有美憶會的家人來抬輪椅，無需呼喚，而且不分男女，只要「一、二、三」一喊出，大家都齊心使力。一些著僧服的人都很驚訝，我們是怎麼做到的？更懷疑坐在輪椅上的這位婦人有什麼三頭六臂，否則怎麼會有這麼多高矮不一，胖瘦不均，一路歡樂相隨的貼身護衛？

這一路上我一直在曉紅媽媽的身邊，時而陪她聊天，時而搞笑，時而跳舞給

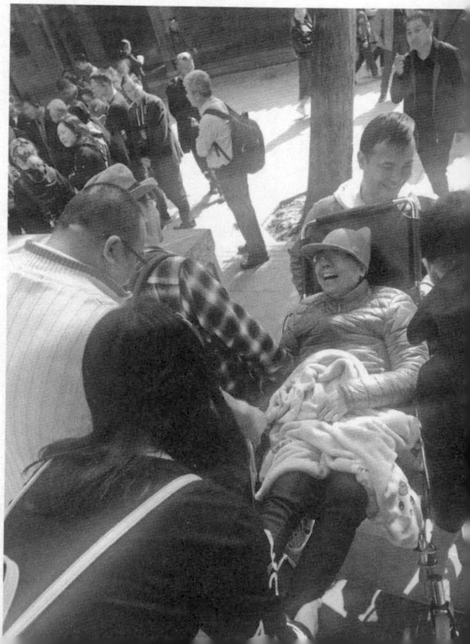

她看，她也慢慢的展露出笑容，會跟大家說話，最重要是她的不便並沒有造成大家的困擾，大家都很開心的主動幫忙，晚來了，連搭把手的機會都沒有了。她還喜歡摸我的肚子，喜歡把我的肚子跟她兒子的肚子相比較，就像買瓜一樣，摸一摸，拍一拍，彈一彈，後來這個動作變成了我跟她之間一種特殊打招呼的方式。

到了少林寺最高處千佛殿，這裡又叫西方聖人殿，這是自古以來僧人的練功房，店內有許多練拳蹲馬步留下來的足印，深深的嵌入石地板中。此殿無法進入，只能在門外張望，門上都架上了護欄，這時曉紅的媽媽說：「我要站起來看。」我震驚不已。一個不願出門的人，一個滿臉不悅的人，此刻有如少女般天真，又帶著好奇的笑容與眼神，我們扶起了她，攀著護欄看她開心的左右探頭張望，我的內心中無比的富有，倒不是錢掙了多少，而是一顆冷藏的心被溫暖了，她改變了！

下山的石階已經不需要曉紅姐弟了，他們照顧母親也辛苦了多年，所有人都很有經驗的抬著輪椅一步步走下去，有其他的旅客看到了，聽到他們說：「這位媽媽太幸福了，這麼多孩子都在身旁，這麼用心的照顧。」這一刻曉紅的母親就是我們的母親，我們的「示範」，這些遊客「接收」到了，也許他們也會想到自己是否也曾給過母親這樣的回憶？接下來會選擇不同的回應方式，不再麻木不仁，理所當然，習以為常。

到了塔林，這是少林寺歷代方丈圓寂火化以後存放的地方，偌大的範圍都用木頭圍欄護著，不讓遊客進入。我心生一計，離開曉紅媽媽約七、八步遠，就在護欄邊拉起了衣服，露出了白白的肚皮，讓她站起來，扶著圍欄走過來摸我的肚子，曉紅媽媽毫不猶豫的被扶起來，抓著護欄，一聲「衝啊！」見她像孩子玩遊戲般的開心，一步一步的挪動步伐，手腳都要使力，當她摸到我的肚子時，我的淚從眼眶流了下來，我倆緊緊的擁抱，不讓她看見我臉上的淚痕。

那天在少林寺也帶著曉紅媽媽坐了索道，上下幾百個台階，我們完成了一次偉大又有愛心的任務。後來曉紅說，媽媽回到深圳後，非常喜歡這一趟旅行，很開心，現在比以前開朗，更願意加緊復健了。媽媽說：「希望能夠把身體練好，未來跟郭老師去更多地方玩。」

美好的回憶是一種內在的力量，它可以化開心中的冷漠，它會讓一個癱瘓的病人想重新站起來。謝謝曉紅帶著母親前來，讓我們能做一個無私給予的人，曉紅的勇氣，讓美憶之旅有了不平凡的回憶。

CHAPTER

29 潮州風情畫

以前在新加坡上 money & you 課程時，我們常用的會場叫潮汕會館。早年讀書時，我的地理、歷史比英文、數學要好上許多，所以我知道潮汕指的是潮州和汕頭，在過去幾百年，因為戰亂或經濟，有許多潮汕人離開了廣東，近則去港澳，遠則到東南亞，包括新加坡、馬來西亞、印尼、泰國，更遠則到了美洲，成了美國西部開墾的華工。

特殊的地理因素培養了潮汕人的拚搏、務實、精細、團結等特點，他們在外還有一個響亮的稱號「東方猶太人」，足以證明潮汕人善於經商的能力，華人首富李嘉誠就是潮汕人，東南亞各國的華人首富，大概也被潮汕人給包了。

唐宋八大家之首韓愈也曾經被貶於此，初中時曾經有篇課文〈祭鱷魚文〉，大意是潮州有一條江，鱷魚成患，殘害生靈，因此韓愈寫了這篇文章，勸鱷魚能搬遷此處。據說念完祭文後，鱷魚竟然集體南遷，現在潮州有一條韓江，不知是否因感念韓愈而以此為名。

所以這個地方有豐富的文化背景以及傳統美食，可是卻很少看到有這個地區的旅遊團，這是我很想辦美憶之旅的地方，原本二〇二〇年四月要來的，但因疫情而取消。夏天還是來了一趟大陸，乖乖的在上海隔離了十四天，之後趁著在深圳有活動，我約了一些美憶會的家人一同前往，本想小團體行動，順便為以後探查路線，不料仍有十多人報名參加。

這次旅遊，因地緣之便，由張曉紅負責規劃，曉紅曾經帶著弟弟跟母親來河南少林寺參加美憶之旅，也帶著兒子去過內蒙古呼倫貝爾草原美憶之旅，帶過女兒去泰國斯米蘭島美憶之旅，我相信她能了解在旅行中給家人留下美好回憶的重要性。

這次出行我們有四部車，用自駕的方式，行程共五天四夜，去了汕頭、汕尾、潮州跟普寧。雖然曉紅這次也帶著坐輪椅的媽媽同行，但這次媽媽沒有不悅的心情，反而充滿了期待，因為上次少林寺給她留下了美好的回憶。

這次旅行雖非正式，但我的壓力仍在，因為只有十多人的兵力，跟少林寺差距很大，年紀最小的是十歲的小賀，最大的是東哥的爸爸，九十一歲了。東哥以前在昆明，後來回到廣州來開餐廳，之前的文章我們曾經提到過。東爸的年紀已經打破了美憶之旅的最高歲數，而且我覺得未來只有東爸自己才能夠破此紀錄。

我對九十一歲的數字有點敏感，因為父親是在這個歲數過世的，那時候他在加護病房插的管，沒有意識的呼吸著。而當我看到東爸時，心中舒了一口氣，因為東爸的精神很好，耳聰目明，吃東西，牙口也沒有問題。更讓人不可思議的是東爸是一個標準的低頭族，常常刷微信，十分熟練的使用智慧手機，沒有老人想和東爸玩，因為跟東爸在一起，一比較，會讓自己心酸，所以東爸喜歡和年輕人在一起，微信的朋友圈裡面都是年輕人，他跟這些小朋友有頻繁的互動。當我們在汕尾海邊，夕陽西

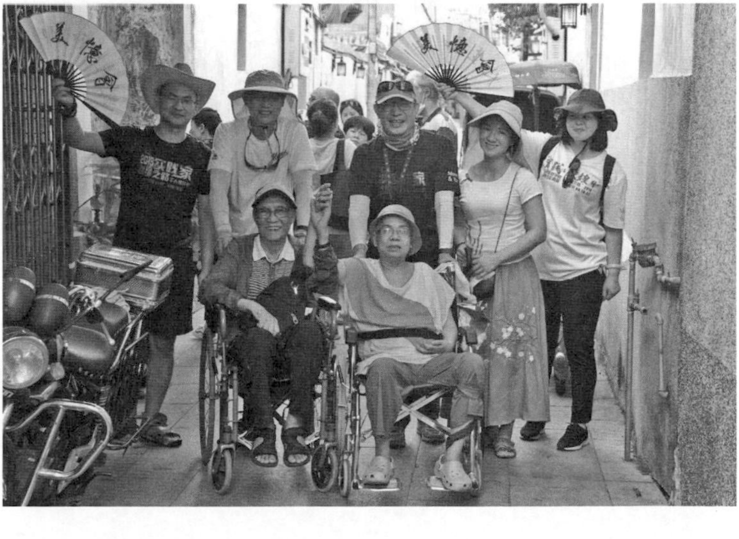

下，為東爸拍照時，東爸立刻挺起了腰，海風吹過銀白的頭髮，瘦高的身材，完全是玉樹臨風一詞的最佳寫照，也是我們這團的超級男神。

經過兩天後，東爸的腿力逐漸不行了，為了方便和安全，我們立刻添置了一輛新輪椅，讓東爸可以節省一些體力，於是兩輛輪椅都有著人在旁守護照料。曉紅媽媽看到有人跟她一樣，也甚是高興，互相照顧，互相打氣，這一直是美憶之旅所努力貫徹的。

大人明白，十歲的小賀同學也接收到了，不再自顧的玩耍與需索，也會在其他大人忙碌的時候幫著推爺爺奶奶的輪椅，會問候老人家吃的好不好？熱不熱？會拿著扇子為老人家搧風，我相信對於這次旅行，小賀同學應該記不清楚去過哪些地方，而會記得大家不分彼此，真誠友愛的互動方式，種子會在他的心中發芽長大，知道帶給別人美好回憶是多麼幸福的一件事情，知道當別人想哭時，主動的遞上紙巾，是多麼溫暖的舉動。只要他在這個環境接收到止確的示範，他的善念就會被喚起，讓你發現，經過幾天，孩子突然長大了，懂事了！

別試著用你的語言去教孩子。說多了就會變成嘮叨，然後爛草莓就慢慢的滋生，去做個示範者吧！

潮州的廣濟橋是當地最有名的景點，是世界上最早的啟閉式橋樑，全長五一八公尺，橋分兩側，東側有十二個橋墩、十二個橋孔、一座橋台，西側有八個橋墩、七個橋孔，中間浮橋長九七．三公尺，由十八只木船連接而成，黃昏時分，會有拖船拖走這十八只木船，這時河道就通暢了，大的船隻可以順江而行。此橋建築結構十分精美，是中國四大名橋之一。

在橋上韓江水聲滔滔，距離曉紅媽媽七、八公尺

處，我又拉起了衣服，露出了略帶油脂的肚腩，自己拍了拍，發出聲音，讓曉紅的媽媽走過來，這是以前在少林寺玩過的哏，有人扶起了曉紅的媽媽，一聲「衝啊！」見她費力的前行，臉上全是笑意，她一步步走來，慢慢的與我靠近，我又調皮的故意往後退拉大距離，當她最後一步摸到我肚子時，我再給了她一個大大的擁抱，告訴她：「好棒！進步了！一定要堅持復健，下次再走更遠。」

在潮州我們選擇住在古城的一個客棧，我們的人數幾乎把客棧給全包了，客棧裡有一個可以喝茶的公共空間，晚上我們依舊做旅遊行程的分享與感悟，這是 money & you 課程的延續。東哥很慶幸，這一次與父親同行的經歷，也完成了父親

一直想來潮州的夢想。一對父子，在夜裡彼此牽著手，勇敢的說出一直想說卻又一直說不出口的話，不久，有人就開始需要紙巾了。

只有走同樣的道路，看到同樣的風景，經歷過同樣的寒暑，才會有同樣的回憶。當我們與某人擁有同樣的回憶時，這段感情就會永遠存在；只要一提及，你們會同樣的興奮，並且立刻可以拉近距離感，親情、友情、愛情皆是如此。

東哥的父親九十一歲能夠出來玩，真的是很不容易，很讓人羨慕，更讓人覺得目瞪口呆的是，東爸的母親還健在，現在住在香港的安養院，有失智的現象，唯一能認得的是長孫東哥。

東哥說老人家在安養院生活，喜歡唱粵劇，唱得太入神，聲音大了些，常常會被別人投訴。一〇八歲還能唱戲，聲音大到還會被別人投訴，這位超級老阿嬤真是個狠角色啊！

CHAPTER 30 牽手

在 money & you 課程中有個環節，是小組約莫五、六個人，圍著圈坐著，左、右的手都要牽著，然後要說一段話，話的開場白是：「我是某某，我現在感覺要說的是……。」這段話的重點，一是現在當下，二傳達的是感覺，是心與心的交流。

在溝通的過程中，我們希望對方能夠理解我們此刻的感受，可是我們大多數的情況都在說事情，急於確認這事情的是非對錯，最後往往自己滔滔不絕，對方卻一句話也聽不進去。

在這課程環節中，當一個人在說話時，其他人都要注視著他，無需回應他，給他建議，給他答案，只要專心的去聆聽，打開心扉去聽，你才能夠聽懂對方所要表達的感受，能夠理解溝通的重點為何？

這個方式在義工訓練時也會進行，我們也會在美憶之旅時加入此環節，如果美憶之旅有帶孩子、父母親等親人來，我們也會讓他們此刻手牽著手，當親人手牽起來的時候，每個人的心裡都會產生化學變化。有些人這一輩子住在一起，卻不曾彼此牽手過，有些人有牽手過，但卻是很久很久以前。

自己也很慚愧，從小到大，牽過不少女孩子的手，卻沒有與父母親及三位姐姐一起牽手的回憶，可能有，但是我腦海裡的印象卻很模糊，我會努力的去找一次美憶之旅，也帶著老媽與老姐，也牽著老媽與老姐的手，我相信這也會是我們人生成為家人最重要的一刻，天上的父親看到，也會微笑的。

二〇一八年夏天，美憶之旅去了馬祖，這個季節可以看到「藍眼淚」這種海上奇景，這是一種會發光的夜光蟲，經過海浪與自然風吹拂、驚擾而發出淡藍色的螢光，也被稱為「藍海現象」、「藍色啤酒海」，被美國CNN列為世界十五大自然奇景。

每年四至六月是馬祖最佳觀賞季節，除了馬祖之外，在福建平潭附近海邊也是很適合觀賞藍眼淚的地方。為此商機，有許多民房改建為民宿，每年吸引了許多年輕人慕名而來。不過和看極光一樣，有時還是要靠些運氣，因為當天的氣溫、風勢與風向等因素，都會影響到藍眼淚的現蹤。

這一團人數頗多，有七十位左右，一半來自台灣，一半來自大陸各地，大陸家人在福州集合，從馬尾港走小三通坐船過來。雖是來自兩岸，但是大家都很熟，因為到海內外當義工常會碰到，一起拚過，感情自不在話下。在島上交通只有中巴，所以運輸就要靠好幾輛車子的調度，司機說馬祖這一、兩年沒有接過這麼大的團，我們對振興馬祖觀光起了很大的作用。

我的合夥人林偉賢老師，以前在馬祖當兵，任職於《馬祖日報》，當時同事現在已經是馬祖文化處的處長，他還特地相約敘舊，三十多年前的往事一一浮上心頭。

行程有一天的晚上，我們住在馬祖北竿島上的芹壁村，背山面海，櫛比鱗次的傳統閩東式建築群，順著山勢羅列成梯形，房屋多為石造，走在其中，彷彿置身於地中海，也有台灣的偶像劇在這裡取景。現在芹壁村開了許多家民宿，望海樓位居第一排海景，是間百年歷史的花崗石建築。晚上九點星光稀疏，路燈暈黃，我們就在望海樓的平台圍起了圓圈，唱著李玉剛的《剛好遇見你》，這是美憶之旅的主題曲，接著握著左右人的手分享，說說現在

的感覺，海浪聲入耳，一座小山城的窗戶，突然都變成了黑暗中明亮的眼睛。

大家握著彼此的手，細細的聽每一個人的分享，緊緊的依靠，有夫妻、有母子、有母女，一個兒子握著父親的手，心中無限感慨，當著父親的面說出幾十年未曾握過父親手的感受，也對父親表達了最誠摯的感謝，我相信做父親的也會為此刻所看、所聽、所觸而感動。

這樣的彼此示範接收過程，每個人也都會想帶著父母來參加美憶之

旅，手牽著，人的距離更近，心門也更容易打開，晚上幾十個家人、海峽兩岸一起牽手，很美，真的很美。

其實也不用等到美憶之旅，今天願意主動牽另一半的手，主動牽著父母的手，在接觸的那一刻，愛就被記錄下來，在皮膚、在肌肉、在神經、在腦海中、在回憶的瀚海裡。

人與家庭有時需要一些儀式感，最重要的是它可以撫慰人心，當與心愛之人的手一握著，煩惱的事也沒有那麼煩惱了，因為你並不孤單。

CHAPTER

31 碰觸的幸福

父親八十多歲時曾經出了一次車禍，導致髖關節斷裂，老人家若是跌倒，傷最多的地方大概也在這個部位。後來置換了人工髖關節，手術後我照顧父親有一段短暫的時光，那段時光，我為父親洗過一次澡。

那天，我印象深刻，浴缸內放了一個塑膠椅，父親褪去衣物後，我扶著他進去坐在椅上，父親低著頭，沉默不語。打開了蓮蓬頭，調好了水溫，洗頭、洗身子，拿著香皂在父親身上塗抹時，香皂在父親的背上上下移動，父親的背，不再光滑，而是崎嶇不平，像是滑過洗衣板一樣。父親晚年腸胃不好，也吃得少，人瘦了許多，肋骨的起伏清晰可見。

看到那景象，我不斷自問，這是我的父親嗎？為何對父親身體的印象是如此陌生？記憶中的父親雖然個子不高，但是走路快速，精神洋溢，笑如春風，和眼前這個人為何有著如此大的落差？一個男人在外奔波忙碌，就很容易忽略孩子已經長大，父母已經衰老。

父親任水珠在身上澆淋，感受到父子間第一次如此近的身體接觸，父親是否也在腦海中浮現另一段記憶？

在台灣的六〇年代，在眷村的小院裡，午後的陽光把大鋁盆裡的水曬到有點溫暖。那個年代若不用煤爐燒水，只能用最環保的太陽能方式加溫。大鋁盆是家家戶戶必備的生活要物，可以洗衣服、當浴盆，親友送來兩條草魚還可以在盆裡養幾天。孩子洗澡時，大浴盆裡會有些玩沙的玩具，一個孩子在盆裡盛水來玩，父親坐在小板凳上，香皂滑過我的前身後背、空間滿是香皂洗滌過的味道，這時父子間可能有些童趣的對話，父親會不會想到，怎麼時間過得這麼快？怎麼換成了兒子此刻為老子洗澡了呢？

我很慶倖在和父親一生四十八年的緣份中，我有這個記憶，我相信父親也會很慶倖，我們都有著對方身體觸碰的記憶。

美學大師蔣勳談到了他與父親間身體的記憶，在他父親臨終前，面對彌留的身體，蔣勳內心有種說不出的遺憾，他很想握著父親的手，想在他的耳邊說話，想靠在他的肩膀上，想擁抱他，但是受儒家思想的灌輸，受嚴父慈母的環境薰陶，不自覺的遵守嚴格的禮教關係，蔣勳很想對父親說：「如果有來世，希望父親擁抱我，彌補這一生的遺憾。」

看著自己的雙手，我們希望這張手可以打造事業的輝煌。我們也希望這雙手可以溫暖到人，可以帶給別人愛的記憶。

CHAPTER 32 一件毛衣的輪迴

我從小在眷村長大，十分懷念眷村的生活，過年時家家戶戶的紅春聯，大哥哥帶著放沖天炮、大龍炮、水鴛鴦，各家都有不同的吃飯吆喝聲，可是你會很清楚的聽出哪個聲音是你媽？然後一溜煙的跑回家。

眷村的媽媽們感情都很好，在物資並不豐富的年代，她們就學會了共享經濟。只要有項絕活，都很願意跟其他媽媽分享，這些媽媽看到我都不會叫我郭騰尹，或是十九歲以前的名字「郭宏麟」，他們會叫我「小四」，因為我排行老四嗎？其實非也！我真正的小名是小賜，意為「天賜麟兒」。

眷村媽媽來自各地，當要蒸饅頭、包餃子時，媽媽們一起幹活，之前不會也學會了。要承包手工活，貼補家用時，大家也會互助分配，有錢大家一起賺。冬天到了，要學打毛線，大家一起學，二十多歲的媽媽們學什麼都快，只是眷村裡的孩子穿的毛線衣，長得都一樣，因為都是同樣的媽媽教的，都是同樣的麻花織法。

三個姐姐和我都穿過媽媽織的毛衣，因為這種毛衣會交接，姐姐們穿不下了就留給我。當時毛線是一種饋贈的禮品，尤其從日本帶回來的更是珍貴，當毛衣穿到我也穿不下時，怎麼辦呢？有經驗的就知道，毛衣可以拆掉。小時候兩隻手都曾經當過線軸，讓媽媽把拆掉的毛線捲在手上，來回的繞，最後再整理成毛線團，收到衣櫃的深層。

二〇二〇年冬末初春回到家，看到八十七歲的老母親在織毛衣，那是我很熟悉的手型與織法，紅色的毛線搭在毛線針上，我問老媽，怎麼還有時間、還有興趣打毛線呢？這些話其實內心想說的是：都什麼年代了？現在誰還在打毛衣，更何況現在誰要穿？市場上根本沒有客戶有需求，做這事不是浪費時間嗎？街上各式各樣的毛衣都有，款式新穎，功能齊全，而且很便宜。這毛線打的毛衣又老氣又笨重，穿出去還是五十年前的麻花樣，多丟人！

母親有些感歎的說：「這是你們小時候穿的毛衣，拆掉的毛線放了幾十年，還很好。」母親說她年紀已經這麼大把，如果有一天不在了，這些毛線團會變成廢物，要丟掉又太可惜了，為了不造成以後我們處理上的麻煩，打件毛衣是不可能的，就打一條圍巾，留下來給孫女吧。

我終於了解母親的心意了，她要織一條圍巾送給我的女兒，會不會戴？願不願戴，喜不喜歡戴？已是次要問題，而是她努力保留一個東西，用她一位做母親、做奶奶的本能，試著透過「它」來記錄三代人的感情，那種對家人的愛展現在一件毛衣的傳承上。母親像觀世音菩薩一樣，法力千變萬化，可以變成保護我的那件毛衣，可以成為等待我們成家立業的線團，最終幻化成一縷圍脖，為孫女驅走寒風。

原來我多年前想做一張木質書桌，然後到安徽安慶山裡待了幾天，希望這張用中國傳統功法所製的書桌能夠運回台灣，放個五十年、一百年，不論我在或不在，都可以堅定的立在那裡，生生世世守護我的家人，這個想法跟母親完全是一樣的。

每一個捨不得丟的東西，都有一個成長的故事，都有一段美好的回憶。當個有錢人，做個有錢人，打開抽屜或衣櫃，看看那些珍藏許久的東西，希望有機會聽你說說，這些東西背後的故事。

發現更強大的自己

COLUMN

4

CHAPTER 33 草原上的真心話大冒險

money & you 即將迎接華文七百期的到來，這二十多年的時間中，足以讓一個青少年的孩子長大結婚，也會讓一個剛踏入社會的小夥子從青澀到幹練，從一無所有到房產數套，因為終身免費複習的制度，所以常常回來複習三、四十次的大有人在。

這個課如果感受很好，學員會推薦家人來上課，所以有許多學員是兩代上過課，也有不少三代都上課的。以前做過統計，在新加坡有一個家族三十多人都是 money & you 的畢業生，今天要說的是一個一家三代都上課，然後一起參加美憶之旅的故事。

馬聖君跟林峰是一對在上海工作的夫妻，他們是組合式的家庭，各自的孩子年齡相近，感情很好，完全沒有隔閡，這兩個男孩子也來上過青少年的課程。

林峰是個孝順的女兒，從小看到父母親的相處方式，很希望父母親也能來上課，兩位老人家已經七十多歲了，而且老爺子身體不好，檢查是癌症。林峰父親林占全老爺子終於首肯來上課，帶著林峰的媽媽一起走入課室，兩位老人家的老家江西吉安，也是我的老鄉。這次上課的地點，在美麗的濱海城市大連，兩老和年輕人一起分享，一起遊戲，一起感悟人生。課程第三天上午，老爺子主動舉手，除了感謝女兒的好意和妻子多年來的包容之外，他對大家說了一段話：「我的癌症是淋巴癌的末期，我不知道未來能活多久，但是我決定從現在開始，要讓每一天都留下美好的回憶。」

林老爺子這幾句話也是我所深信的，人生終需一別，在道別的這一刻，我希望能感受到此生的圓滿，是大腦的水果杯裡都是美好的回憶，而不是有些話來不及說，有些事來不及做。

後來林峰跟老公馬聖君帶著父母參加了二〇一九年的日本京都賞櫻美憶之

旅，夏天又跟我們去了內蒙古呼倫貝爾大草原，最北我們到了滿洲里的國門，這是中俄的邊界。

有一天我們特別安排住在黑山頭的蒙古包，綠色的草原，蔚藍的天空，白色的氈房如棋子排列。草原上踢足球，玩撕名牌、放風箏，八十人的大團，大大小小老老少少都可以玩在一起，互相照顧，這是美憶之旅最棒的地方。

草原上有一個巨型的蹺蹺板，是用原木做的，非常重。也因為長所以若在高處，其高度還是挺嚇人的。出來玩就是要放鬆，回到童心，我哄著老爺子夫婦來體驗一下，把老爺子弄上了蹺蹺板的最高處，也提醒要扶好坐穩，林峰的母親跟我坐在低處。

這時靈機一動，來玩個真心話大冒險，第一道題就來一個口味重的，我問老爺子，太太三圍是多少？這種遊戲與題目，兒孫是不敢玩的，可是我百無禁忌，葷素皆來，這道題目老爺子當然答不出來，但也足以讓老夫妻笑翻了天。後來也問喜歡吃什麼東西、最怕什麼動物，若老爺子答錯，我就故意震動蹺蹺板，最後一題是個難題，問他們第一次接吻在哪裡？這已經是半個世紀前的往事了，肯定會是每一個人的美好回憶，只是如常的柴米油鹽醬醋茶，讓這回憶沈寂了下來。不過，往事並不如煙，夫妻在一起不就是應該回憶那些美好的嗎？如此才能更珍惜此刻擁有的幸福！

當一個人在思考時，大腦腦細胞開始重新結構，尋找相應的電網，於是年輕時，那天的場景，那時的模樣，那天的氣溫，那刻的勇氣，一一浮上心頭，老爺子笑呵呵的回答：「萍鄉！」坐在我前方的妻子立刻笑著回應：「答對了。」

那天的夕陽很美，夕陽讓老爺子夫婦背後拖著一條長長的背影，背影中，兩個人的手是牽著的。

美憶之旅不只是看風景，是一種溝通，是示範與接收，在新建與重溫美好回憶的過程中，更懂得珍惜應該珍惜的，感謝應該感謝的，放下應該放下的，呼倫貝爾大草原之旅，林峰一家三代共來了九位，這也是美憶之旅的一項紀錄，感恩同行。

CHAPTER 34 爸爸，今年去哪裡玩？

日本攝影師星野道夫於《在漫長的旅途中》有一段話：「孩提時代看過的風景，會長留在腦海中，直至成人後，面對人生的分叉路時，給予我們鼓勵和勇氣。可能不是誰曾說過的話，而是曾經看過的風景。」

我也在課堂上不斷的強調，做一個父親不只是要賺錢，也要給孩子留下對父母親的回憶。當一個孩子去描述自己的父親時，我不希望因為少於相處而難以成句，也不希望他只記得父親給他買過什麼玩具，而是在幾歲的時候他的父親帶他去哪裡旅行。在這段旅行當中，住在哪裡？看到什麼有趣的事情，又發生過什麼驚險的事情。

二十歲以前我幾乎很少有與父親旅行的經驗，二十歲以後反而有好幾次，因為開放大陸探親，父親離開家鄉幾十年，但仍有手足長輩族親在老家，身為兒子，自然要陪同父親回去探望老家的親人，要上墳祭祖。我能夠明白當時父親對我的倚重，也感覺到這是一個兒子該盡的責任。

我很喜歡有人帶孩子來參加美憶之旅，我們也會盡可能的做一些安排，讓孩子能參與一些工作，增加與別人的互動，而不只是一直黏著父母親，這樣的設計對十歲左右的孩子特別有用。

例如我們會安排「環保天使」或「紀律委員」兩個崗位，前者是抓有沒有人亂丟垃圾，或是在不能抽菸的地方抽菸，如果看到了就要立刻規勸制止；另外一個崗位是紀律委員，是掌握了集體集合時間，如果有人遲到就要罰錢，在大陸是遲到一分鐘，人民幣五十元起跳。可以罰大人錢，這對孩子而言是無比的興奮。

清晨時孩子從不賴床，率先就到大巴車下拿著手機等，只要一有人遲到，立刻用微信掃碼支付，吃飯也從不拖拖拉拉，因為等一下吃完上車集合時又是賺錢的好時機。大人即使遲到了，被孩子罰錢了，大人也不會生氣，不會傷彼此感情。反正遊戲規則講清楚，所有的罰款最後給大家加菜，買飲料、買水果，而且要求紀律委員要記帳，每天都要公佈出來。

二〇一九年的秋天美憶之旅去南疆，來自各地的家人在新疆的庫爾勒集合，十多天的行程，到了中國最西邊的城市喀什，從喀什進入崑崙山，到了帕米爾高原上的塔縣，這裡距離邊境只有一百多公里了，位置在中國地圖上這雞屁股尖的地方。

這次近五十人，也有同樣來自台灣的家人，最小的是十歲的張耀文，他爸爸張瑞超帶著他來，老家是鄭州的。這趟來回要近半個月的時間，學校不允許，張瑞超就去找學校的老師，告訴老師，他平常很少有時間陪孩子，他很希望跟孩子有趟值得回憶的旅行，而孩子這時間的課業壓力還不是最大，希望老師能夠成全，老師最終同意了。在大巴上，張耀文同學天天暈車嘔吐，但他從不言苦，也不用爸爸提醒，每天執行紀律委員的職責。

在行程中，張耀文每天早上看父親起床晨跑，自己也深受影響，幾天後也早起與父親一起並肩齊步，在很美的胡楊林裡，他們的步伐留下了足跡，留下了記憶，不止在路上，而是在彼此的心裡。還有一個讓張耀文同學一輩子難忘的是，他的工作績效良好，這十幾天，大人們總共被罰了二千多元的人民幣。

回到鄭州後，張瑞超常常分享一路上父子的互動，相互了解，以及彼此的成長，這是他們彼此回憶裡面一筆很大的財富。是的，我覺得一位父親就應該扮演這樣的角色，與孩子去探索未知的世界，有勇氣離開家的保護，去對每一個民族的生活方式感到好奇，面對危機時保持冷靜，找到不同的解決方案，這是父親才能給予孩子的高度與強度，這些都不是在學校中可以學會的。

張瑞超的分享又影響了鄭州的一對父子，呂國慶和呂子游，他們兩個和王雪洋（呂子游的母親）和我去過加拿大看極光、去過馬來西亞怡保、台灣的花蓮、泰國的曼谷等等的美憶之旅。在二〇二〇年的暑假，這對父子從鄭州出發，自駕進西藏拉薩，再開回鄭州，也是十幾天的時間，一車二人，最危險的是在路上碰到油罐車著火，只有一部車能夠過的車寬，烈火就在車窗旁，在考慮衝還是不衝，他們父子說得精彩，旁邊聽的人緊張到心跳加速。又聽他們說著川藏線的美景，我聽著都心動了。

父子同行的這段旅行值不值？每個人都會有不同的價值觀，這個也不需要去辯論，想去就去吧！人們很少因為做了一件事而後悔，而是沒做一件事而後悔。若自駕去拉薩，爸爸們願意帶著孩子出發嗎？

這是我未來美憶之旅會有的規劃。

CHAPTER 35 40天，3200公里的騎行

台灣雲林西螺有一間信義育幼院，院裡住著幾十位的院童，院童的年齡從〇歲到十八歲，大多數是孤兒或是弱勢家庭，也有原住民的孩子，父母親可能因為吸毒坐牢，無法執行父母親的職責，社會福利單位就會將其安置在育幼院。白天一樣要去學校讀書，下課就回育幼院過集體生活，他們在院裡沒有太多娛樂設施，只有可以奔跑的籃球場和幾台腳踏車。

信義育幼院當時有一個傳統，會帶孩子在暑假騎腳踏車台灣環島一周，二〇一二年我去了一趟育幼院，和當時的吳文輝院長聊了許多，吳院長語重心長的說，這些孩子在成長的過程中沒有父母親的陪伴，這是一輩子的遺憾，再好的機構都沒有辦法替代父母的角色。

吳院長不希望這些孩子的未來受到挫折，希望孩子要有信心，要堅強，而培養孩子的方法就是帶他們環島騎行，去經歷不一樣的生活！

台灣環島需要十多日，從事前訓練、義工的招募、路線的規劃、食宿的安排、後勤的補給、當地政府的報備、資金的籌募，讓吳院長及工作人員忙得不可開交，然而看到孩子出發前到安全返抵以後的改變，皮膚黑了，性格成熟了，他們克服了身體及心理上的疲憊，對於未來的路看得更遠，更清楚！

吳院長及孩子們有更大的夢想，想要到大陸來騎行，在朋友的引薦下，我們很榮幸的參與了部分贊助活動，大陸國台辦也鼎力相挺，支持這些單車天使的兩岸和平之旅。

二〇一二年的夏天，這個夢想啟動了，這些孩子從台灣飛到了北京，在七月十七日從北京鳥巢出發，騎行四十天，終點站在福建的廈門，總長三千二百公里。這一路會經過五個省份，二十八個城市，除了陪騎的志願者外，沿途也遇到許多大陸的自行車俱樂部，各地像接棒一樣一段段的護送，我們也號召實踐家的學員，在沿途的城市做好接待工作。

實踐家之所以出錢出力，背後有一個不為人知的原因，董事長林偉賢老師的胞妹，在年輕時參加了台灣花蓮台東的自行車健行活動，不幸因為意外而往生，所以林老師對孩子的夢甚為重視，希望孩子能夠圓自己的夢。

四十天的騎行，天氣晴雨不定，在八月二十日安抵廈門、八月二十四日平安返回台灣，為兩岸合作舉辦公益活動寫下了新頁。

這次騎行是一次「京踩騎跡」，年紀最小的才八歲，在他們的腦海裡，這四十天所經歷的人與事，所看到的風景，是歷史地理課本立體的呈現，四十天有苦、痛、痠、麻、有笑與淚，有委屈、心酸，有咬緊牙關，有想放棄，也被陌生人溫暖過，而到達終點後，這一切都會變成萬千的感謝，那些真實感受會在心裡轉變為一種完成任務的成就感，那是在潛意識裡一段正

能量。在孩子的成長中，學校教不了，爸爸媽媽也給不了，這是吳院長的教育理念，這是他愛孩子的方式。

吳文輝院長後來離開了信義，與大人在雲林另外創辦了「長愛家園育幼院」，繼續給孩子最好的庇護，而每年帶孩子的環島活動一直沒有停歇！吳院長有一段環島理念的分享寫得很好，如下：

為何要帶孩子去環島？

環島不只需要體力，耐性，也需要強大的抗壓能力。

整趟環島就像與自己的對話，坡好難，我一定做不到。

許多孩子並不是沒有能力，而是在心理上就給自己設定了障礙，也因為簡單執著的思維模式，覺得自己辦不到，直到結束了整趟旅途，他們才會發現自己有多厲害。

多數進入到機構的孩子，家庭功能往往是不彰的，因此孩子能獲得的正向經驗是非常稀少的，正向的經驗往往又是孩子健康長大的關鍵。

於是長愛家園帶著孩子走出去，

在環島中建立成就感。

我們不可能永遠保護著孩子，要教導他們注意危險，克服障礙，最好的方法是帶他們走到現實當中體驗一回。

我也同感，會讓孩子有能力面對困難及挫折的關鍵，真的不是學歷的高低，不是家中財富的多寡，而是他之前所經歷的人生，在腦海裡所擁有的美好回憶。別做一個只關注成績、只會給錢的父母，帶著

孩子去創造一些一生難忘的回憶，而回憶裡有愛，有成就感。
若不懂，今年就讓孩子跟著我們去敦煌大漠戈壁徒步吧！

CHAPTER 36

用腳丈量人生

公司要舉辦大漠戈壁徒步，我緊張了好一陣子，四天要用腳走一〇八公里，在現代文明社會裡，這幾乎是天方夜譚。在金門當兵時，每個月有一次夜行軍，要戴鋼盔，背著步槍，帶著彈夾、水壺、全副武裝，從晚上九點走到清晨五點多，距離也約三十公里，只是那時還是二十多歲的小夥子，而現在是五十多歲，體重超過八十公斤的中廣大叔。

徒步集結的城市在敦煌，這個城市不大，因為乾旱很少下雨，一年大多都是晴朗，天空很藍，雲很低。敦煌屬甘肅省，位於河西走廊的最西邊。

漢朝張騫出使西域，開通了通往西域的絲綢之路。這條絲綢之路從長安出發，經過河西走廊到達敦煌，繼出玉門關和陽關。沿著絲綢之路，中國的絲綢及先進的技術向西傳播到中亞、西亞甚至歐洲，西方的物產也由此傳進了中國，敦煌位居絲綢之路的要衝，是中西方貿易的中心跟中轉站。那時敦煌非常熱鬧繁華，各國使臣、將士、商賈、僧侶絡繹不絕，這些盛況在敦煌莫高窟第二九六窟窟頂的壁畫上，有著生動的記載。

若談到了僧侶，唐朝的玄奘大師在唐太宗貞觀三年，經涼州出玉門關，西行五萬里去天竺求經時，也曾經過敦煌。十七年後玄奘返回大唐，長期從事佛經翻譯的工作，是中國佛教興盛的重要關鍵。

如果張騫的絲綢之路是money，玄奘

的求法之路就是you，前者刺激了經濟貿易的興起，後者尋找真心，以蒼生為念。

這四天徒步一〇八公里，我們走在相同的路上，你會感受到創業時堅持的重要，團隊的重要，你也會不斷的在孤獨中自我對話，想著人生的路接下來要怎麼走？

看過北極光，游過日月潭，走過大漠戈壁，是我一生中很驕傲的事，而且大漠的徒步至二〇二〇年底我已經去過四次了，經歷過腳底一半的皮沒了，趾甲每次都會脫落，膝蓋及腰、髖、背，走完疼痛不已，沙漠裡一年兩場的雨也都讓我碰到了，八級沙塵暴的風沙也經歷過了，但是我仍然鼓勵每個人有機會要給自己一次挑戰的機會。

不要聽別人說，你要自己來感受，別人說的是風景，自己走過的叫人生。

每天住在營帳裡，後勤工作人員每餐都煮好吃的，夜裡熄燈後，沙漠中沒有光害，星河出現了，如果用延時拍攝，你會看到星辰起落的軌跡。清晨出發，太陽從地平線升起，一行人以朝陽為背景，剪影效果的美照，讓辛勞有了回報。現在營地周邊的服務也更好了，當地的老百姓會開來洗澡車，小販過來賣烤串、烤全羊，還有可樂和啤酒，沒有手機信號的日子，人的欲望好像也少了，欲少則心安，那幾天雖然很累，但日子過得很舒服，那是一生的美好回憶。

會有危險嗎？如果一個人絕對是危險的，所以後勤的保障非常重要。所以必須要有龐大的工作團隊，路上二百至四百公尺間有插旗，依旗號前進，不會迷路。每個人都會佩戴ＧＰＳ定位手環，有醫療救護車同行，上面有專業的醫護人員和急用藥，每一公里都有一台越野保障車，可以補給水，若真的走不動了，可以隨時呼叫上車。沿路還有若干補給站，有水果、運動飲料，有熟食、八寶粥，回到營地後，有教練帶領拉筋，舒緩肌肉疼痛

加速排出堆積的乳酸，保障車會護送每一個徒友安全的回到營地，每個隊伍都有四部以上的對講機，隨時聯絡，有專用的頻道和組委會保持密切聯繫。

其實真正的危險可能就是自己造成的，尤其是穿了一雙不適合的鞋和襪，衣服沒有準備吸濕排汗的，沒有做好防曬工作，或者沒有正確的飲水，沒有做好體力的規劃，衝太快，反而把體力提早給耗盡了。

說是徒步，其實徒的是心，回來台灣後，我們也發展了一條徒步的路線，說是發展不如說是恢復。在民國六、七〇年代，台灣的寒暑假有許多救國團的青年活動，當時最著名的就是中部橫貫公路健行隊，高中生男男女女的同行，沿路上救國團的山莊或青年活動中心可以住宿，有康輔人員駐站帶領團康。林偉賢老師在那時，就是一位非常知名的駐站大學生，擁有粉絲無數。後來台灣政經環境有很大的變化，這些活動及山莊只能成為我們那一代人的記憶。

我們規劃的路線集合地是在埔里或日月潭，也是四天一〇八公里，從翠峰開始出發，經過昆陽一路往上，會攀上武嶺，這裡是台灣公路的最高處，海拔三二七五公尺，我第一次走的時候，呼吸非常喘，克服了高原反應，就是一路下坡，地貌又會有所不同。

在觀雲、天祥、太魯閣各住一晚，最後一天要從太魯閣走到七星潭，這裡是壯麗的太平洋，是花蓮的美景之一，海岸邊是一片軟礫，走得讓人快抓狂。當抵達終點時，掛上了完賽的獎牌，隊友們會抱頭興奮流淚。

中橫徒步最大的挑戰，一是上武嶺的漫長上升坡，二是有一天清晨四點就要出發，因為那一天的路程是四十公里的下坡。走過中橫徒步的人，創造了幾句響亮的口號：「走過中橫，無所不能，走完中橫，無限可能，上中橫，一定能。」

車上看的風景和走路看的風景是不一樣的，更重要的是走完以後，你會發現一個更強大的自己。中橫公路一樣有著令人動容的修建背景，霧社有莫那魯道抗日的故事，是魏德聖導演電影《賽德克巴萊》的主人公，有蔣經國時代老榮民開墾公路的奮不顧身，這些都不應該被遺忘。

救國團沒有了，但是中橫公路還在，仍然有著一群人走在公路邊，他們帶著安全頭盔，穿著反光背心，他們以台灣瀕臨絕種動物為隊名，努力想完成一件事，想感動自己一次。當你經過他們身邊時，請打開車窗說一聲加油，同時比出一個大拇指。他們幹了一件祖宗八代都不曾幹過的事，它不是一生的美好回憶，更應該被記載在族譜上。

〈一起走過〉～寫給大漠戈壁一〇八公里徒步。

作者：林偉賢、郭騰尹

小時候，就知道有這個地方
月牙彎彎，黃沙漫漫

長大後，知道這裡叫做敦煌
飛天舞娘，受盡滄桑

有人說，那是個神祕的地方
前有張騫，後有玄奘

而現在，絲綢之路就在前方
一聲槍響，我在路上

往前看，大漠戈壁無限漫長
大風起兮，塵土飛揚

不放棄，你的加油給我希望
你的支持，牢記心上

咬著牙，要成為自己的榜樣
所有傷痛，都是獎章
不害怕，遠方人聲鼓聲齊揚
戰勝自己，淚已千行
點著燈，唱著歌歡樂滿營帳
人生幾何，真情迴盪
仰望天，星河繚繞星空輝煌
天地之大，我武維揚
說再見，姐妹兄弟一起走過

這份記憶，永遠珍藏

這條路，是人間修行的道場
這條路，是實踐 money & you 的地方

〈未來的路〉～寫給台灣中橫一〇八公里徒步
作者：林偉賢、郭騰尹

未來的路，會有多長
出發，總是抱著希望
不把別人的懷疑放心上
武嶺，是我們前進的方向
有人速度比你強，走的像風一樣

有人走的心慌慌，綿綿山路欲斷腸
這是個神奇的地方
白雲悠悠浮山崗
只要堅持，每個人的心都會像英雄一樣

未來的路，會有多長
疲憊，總是無處躲藏
要讓自己成為家人的榜樣
太魯閣，是我們前進的方向
前人種樹的故事永遠輝煌
披星戴月的腳步不會遺忘
這是個神奇的地方
山林間鳥語花香

只要堅持，就能看到太平洋的波浪

未來的路，會有多長
感恩，是一生的信仰
只願此行成為永恆的一道光

慈濟，是我們前進的方向
生命無限的大愛讓人神往
無私奉獻的精神人間傳唱
這是個神奇的地方
無所不能的力量
只要堅持，這條路讓我們的友情永遠難忘
只要堅持，這條路讓我們的意志百鍊成鋼

只要堅持，這條路讓我們的回憶神采飛揚
只要堅持，這條路讓我們找到心靈的故鄉

CHAPTER 37 發現更強大的自己

在上青少年 money & you 的課程時，我有一段與父母單獨對話的時間，我都十分鼓勵父母親帶孩子去敦煌，敦煌有莫高窟、鳴沙山、月牙泉，去看王潮歌的《又見敦煌》。歷史中張騫與玄奘都曾經在此停留，告訴孩子莫高窟的故事，過去有許多經書，現在都存放在英國的大英博物館。

敦煌有著豐富的人文風景，而且都在市區內，交通很方便。當然我更希望讓孩子去徒步大漠戈壁一〇八公里，這漫漫的長路會經歷戈壁灘、沙丘、沼澤、雅丹地貌，就像人生的路途一樣，有好走的，有不好走的，有大家一起走的，也有遺世獨行的；有想放聲大哭的時候，也有縱聲高歌的片刻；從早到晚你會領略四季的變化，從徐徐的微風變成突然的沙塵暴，這是一趟豐富之旅。

眼前是豐富的，心理也是豐富的，這一路上是修行之路，可以讓孩子學習堅強、獨立、自信，不放棄，這些學校及家長教不了，也無法看一本偉人傳記而明白，但是大漠會教他，在大漠裡發生的事情，是人生所有歷練的縮影。當孩子戰勝了自己的恐懼，回到終點時，他明白每一步都是自己走完的，這會是他百分之百成功的經驗，然後轉化為高度自尊，自己有信心成為更好的自己，不管是在學習上，或是對待家人上，改變就這樣產生了。

有些父母親會擔心自己的孩子走不了這一〇八公里，這些父母百分之九十以上是自己走不了，覺得自己的孩子肯定也不行，其實孩子比你想像中堅強，但若父母與孩子能同行，當父母走不了時，仍然咬著牙堅持，這不是給孩子最好的示範嗎？我希望孩子能看到父母親在面對困難時的頑強，在這一〇八公里征途上，他的父母親很偉大，值得孩子的崇拜。

不過即使親子同行，你們會屬於不同的隊伍，晚上不睡同一個帳篷，如果和孩子在同一隊，父母親的天性，會太在意孩子的一舉一動，當孩子走不動了，父

0210
0312

0110

母親會來幫忙拿背包，會提醒他喝水，甚至心軟，幫他做了上車的決定。

孩子有他的隊友，有他們每一天比賽的策略，因為賽制是以隊中第六名為成績，所以一個人跑太快，對團體成績是不會有加分作用，每天擔任前六名負責衝刺的人選就很重要。小隊之間彼此要輪替以調節體力。除了前六名之外，第七與第八名更加重要，因為若前面有人腳傷了，速度慢了，當對講機的消息傳來，這七、八名就要加速，甚至要用小跑的方式逐一超過其他隊的隊友。

這種情境很像電影《1917》裡面，為了送信到前線，挽救英軍更多傷亡的少年兵，是一種應允之後的責任感，是前方有難，吾輩當挺身而出的擔當。孩子這一刻的心智昇華了，徒步鞋變成了軍靴，手杖變成了步槍，遮陽帽成了鋼盔，那種奮不顧身的小小身影，迅速在黃沙間跳躍移動，若用無人機來空拍，這像是一部史詩般的大片。

也有一種感人的場景，一對父子平常相處話就不多，也很少流露出親人之間該有的關心，孩子十七歲體力甚佳，早晨一開始就快馬奔出，下午回到了營帳，陸陸續續迎接自己的隊友回來。然而他一直未見自己父親的身影，兒子看不到父親歸來，就問父親同隊的隊友，知道父親還在後面，這孩子一話不說，又換上了徒步鞋，立刻衝回了沙漠。

那天有著極大的沙塵暴，他一路跑，一路喊著父親，不在乎那些風沙，直接灌進他嘴裡，直至看到父親踽踽獨行，腳似乎有傷，正吃力的一步一步往前移動，他立刻攙扶父親緩慢的走回營地。

這對父子很久沒有這麼親近過，父親問孩子：「怎麼嘴上這麼多沙？」這孩子笑著說：「沒事！」很男子漢的用水把嘴裡的沙給吐掉。這位父親後來在分享時說，當他看到自己的兒子又跑了五、六公里回來找他的時候，他很欣慰，為兒子感到驕傲，他不會忘記這五公里與兒子的相處，這是他一生中最值得保留的回憶。

如果父母親沒有時間陪孩子走，我們也希望父母能在最後一天在終點線來迎接自己的孩子，孩子不放棄的拚了四天，當回到終點、戴上獎牌後，看到爸媽突然出現在眼前，並且給他一個大大的擁抱，我相信孩子那一刻也會有百分之百被愛的經驗。

有了百分之百的成功經驗跟百分之百被愛的經驗，這孩子將會有一個新的人生高度，這將是他們與班上同學最大的差別。

孩子們十歲了嗎？歡迎暑假與我們同行，去創造彼此一生美好的回憶。

下次，我們敦煌見。

CHAPTER 38 孩子陪我走戈壁

幾篇文章都鼓勵與孩子一起同行走大漠戈壁，因為感情是建立在共同的回憶裡，只有看過同樣的風景，才會有同樣的回憶。

這是一位母親與孩子在二〇一九年一起走過這一〇八公里後所寫的文章，母親叫做黃存，河南鄭州人，在經過她同意之後，我將文章分享給大家！希望您也能接收到，這最真實的場景與內心感受！

〈孩子陪我走戈壁〉

文／黃存

大家好，我是黃存，來自河南鄭州，畢業於華文一二七期 money & you。我參加了二〇一九年八月份的實踐敦煌徒步挑戰賽，參加這個活動的初衷是因為兩個孩子的鼓勵！我兒子李子琦是菁英領袖學堂的學員，裡面包含一個敦煌的徒步體驗，兒子特別想去鍛煉一下；同時我女兒李若辰是二〇一八年五月份參加了敦煌徒步挑戰賽，回來之後收穫特別大，一直也鼓勵我去體驗。

去年我沒有時間去陪伴，很遺憾，今年兒子也說要去，我就想不能再錯過了，陪孩子一起去，通過眾籌的方式去參加這次的徒步！

其實眾籌一開始沒有想像的那麼容易，我一想到要發朋友圈，讓朋友們眾籌錢，覺得很不好意思。但後來我女兒鼓勵我，說勇敢的告訴身邊的人我的決定，我為什麼要去參加這次活動，我的第一條眾籌朋友圈還是我女兒幫我發出的，發出去之後，很多不可思議的事情發生了。有只有一面之緣的朋友看到了我的朋友圈就幫我眾籌了，也有多年沒有聯繫過的朋友也給我眾籌了，所以剛開始我特別有自信，我有那麼多朋友，肯定能完成眾籌。

但事實跟想像是不一樣的，眼看快到截止日期了，我的眾籌還沒有完成，我什麼也沒準備，我一度想放棄了，算了不去了。這時候又是我女兒跟我說：「那怎麼能行，那麼多人都知道你要去沙漠徒步了，你必須得去！」我想想也是，已經眾籌了一大半，很多人都知道我要去沙漠徒步，最後不去了，怎麼跟已經幫我眾籌的朋友交代？思來想去我不能臨陣脫逃，還是要堅持眾籌完。

四天三夜沙漠徒步的過程中，真切的讓我體會到「挑戰」二字的真正意義！徒步的第一天，當我走到第六十七個旗桿的時候，體力開始跟不上，上吐下瀉，隨行的醫生說安全起見，上車吧！上了車才發現這條路太難走了，上坡下坡，走得非常艱難。我在想，開車都這麼難走，那徒步的隊友們得多難啊；同時又想想，孩子們都沒上車，我上車了，是不是就等於放棄了？

我提前兩個小時到了營地，兩個小時之後孩子們才回到營地，當我看到兒子堅持走回營地的那一刻，我就流淚了，緊緊的抱住他說：「兒子，你太棒了，我沒能堅持下來，你都堅持下來了！」同時我還一直在擔心，今天上車了，是不是最後就沒成績了，但意外的是，主辦方說，第一天是體驗賽，不計入成績的，從第二天開始比賽計入成績！我心裡猛地一喜，我覺得兒子都能走下來，我一定也要走下來。當天晚上我們就遇到了特別大的沙塵暴，這是我人生第一次遇到沙塵暴，外面全是黃沙，什麼都看不見，我們少林隊的十四個隊友在一個帳篷裡，帳篷都在搖搖晃晃，生怕被沙塵暴颳走，我就坐在門口，必須得把帳篷壓住了！

第二天，我告訴自己一定要走下來！這一天我們遇到了下雨，天氣不熱，但是風刮在身上，摻雜著沙子石子，打在身上臉上，生疼！我一路想的都是，我必須走下來，不管多難，我必須的走下來，我要做孩子的榜樣！一天終於走下來了，兒子始終走在我的前面，回到營地，我到兒子的帳篷裡面問他累不累，要不要我幫他揉揉腳拉伸拉伸，我兒子卻說：「媽，你也很累，我沒事，你休息一下吧！」聽到他的話，真的是一股暖流啊，這是多少年我已經沒有感受發自內心的關心，那種關心是真誠的！

第三天，我跟孩子走到第二十五個旗桿的時候，我明顯感覺到他在放慢腳步等著我，但我說：「兒子，不用等我了，你的體力比我好，你先走吧！」我一直

恭喜你完成108公里
完赛
纪念
2019.08.18-22

跟著他往前走，保持跟他有一個旗桿的距離，我始終都能看到他，拿著登山杖，弓著腰，一步一步的往前走，最終他比我早二十分鐘到達營地！

這時我突然覺得，人的一生就是這樣，為人父母也是這樣，我們不可能陪著孩子走完他的一生，我們的年齡、我們的體力都在走下坡路，我們能陪伴他的只有一段路，剩下大部分的路都要靠他自己獨自走完，他需要有強健的體魄，強大的內心，去面對以後人生路上的所有狀況和問題，我們能做的只有在背後默默的注視著他！他們的未來註定要比我們偉大！

第四天，我的體力已經明顯不支，為了讓我走完全程有成績，兒子始終陪著我走，走累了就陪我休息一會兒，休息好了就繼續往前走，最終我們同時到達終點！在晚上的慶功宴上，老師讓孩子們擁抱陪伴全程的父母，我的兒子緊緊地抱著我，我一直在哭，既有心疼，也有欣慰！

晚上跟孩子一起去看《又見敦煌》時，以前在家他不讓你說那麼多，也不理你那麼多，長大了以後看電影之類的都是跟同學一起，我們已經很多年沒有一起看電影、看演出了。但是那天晚上，他一直用雙手扶著我的肩膀，還一直在給我按摩，我已經太久太久沒有跟兒子有這麼近距離的接觸了，我們挨得那麼近，心靠的更近了，孩子也在那一剎那間長大，從一個小孩子變成一個真正的男子漢，一個我可以依靠的男子漢！

作為父母，我們不能陪孩子走完他的一生，但最終陪我們走完一生的是他們，我本來是陪他來徒步的，最終卻是他陪我走完了全程！

最後，我要感謝實踐家和陶冶，感謝他們給我們一家提供這樣體驗的機會，讓我突破了自己；我也要感謝我的兒子和女兒，沒有他們的鼓勵和陪伴，我沒有勇氣走完全程；我更要感謝支持我、幫我眾籌的朋友們，因為有你們的愛與支持，我才有機會參加這次徒步挑戰賽！感恩大家，謝謝大家！

CHAPTER 39 最深情的陪伴

如果沒有跟父母親住在一起，卻想給父母一段美好的回憶，你會怎麼做呢？當個有錢人，做個有情人，過去我們談到了美憶之旅，除此也有不同的方式，聽聽以下的故事。

有一位女士在課程第三天，主動上台分享，她談到了事業上的波折，曾經風光過，也曾經債台高築過，這些起起落落像是在追逐某個東西，可是握在手上的卻又俯看不到。她已經一年多沒有回家看望母親了，一個月也沒打一通電話，就在台上，她主動要求想要打電話給母親，電話接通了，她跟母親說，下個禮拜天會回來看她，母親聽了很高興，因為女兒很久沒有回來了，這位女士接著說，這次會留在家裡吃飯，這時母親有點意外，也很驚奇，說道：「好，別老是急著走，媽媽給妳弄好吃的。」

這位母親知道女兒要回來，這一周肯定會很開心。她在腦海裡想星期幾要去哪個市場買某個食材、星期幾又要去另一個市場買其他的東西，母親很迅速的做好時間管理，要做哪些菜已經浮現在腦海中了。

這位女士也感覺到了母親的喜悅，立刻又做了一個決定：「媽！你別忙，別累壞了身體。這次我回來住一個晚上好了。」母親趕忙說：「好，太好了，媽媽把房間收拾好，等你回來。」「媽，您別整理了，這次回來我想跟您一起睡。」這句話說完，課程現場響起了如雷的掌聲。

我相信女兒回來的晚上，四十多歲的女兒睡在母親身邊，這位母親會是全世界最有錢的母親，這個錢不是你給母親的紅包、生活費，是妳喚起了母親那一段甜美的回憶，回憶中有妳小時候睡覺的樣子，有妳的小鼻子、小眼睛……。

我有一位學員叫李經國，曾是美憶會廣州分舵的擺渡人，他帶著妻子與母親曾經參加過馬來西亞麻六甲的美憶之旅，兩個兒子也都上過青少年班的課，經國四十多歲了，在沒有上 money & you 之前天天打麻將，且每打必贏。

二〇一五年兒子去參加青少年課程時，在課程分享生命中的美好回憶，談到的不是爸媽，而是奶奶，當時他就震驚了，原來自己所謂的負責任的爸爸媽媽，根本不是孩子想要的。上完課之後，他有一個很大的改變，不再打牌了，而且喜歡上跑步運動，經國有好幾次當過大漠戈壁徒步的義工，一路給了我很大的幫忙，他也跟我分享了另一個故事。

他每週都會回去看母親，而且會跟母親睡在一起，兒子長大成家立業後，即使事業有成，但在母親的眼裡，你永遠是個孩子，永遠會提醒你吃飯前洗手，提醒你出門開車要小心，在外面不要亂吃東西，天冷要記得穿棉毛褲。可能母親還記得你小時候會踢被子，母親半夜人會醒來，看看你的手腳有沒有跑出來，幫你把被子蓋緊，心中想著時間怎麼過得這麼快，然後繼續幸福的睡下去。

人們最深情的告白是陪伴，那麼最深情的陪伴是不論你年紀多大，都願意睡在母親的身旁，希望你能擁有這樣的回憶，也能帶給母親這樣的回憶。

CHAPTER 40 愛的任意門

有一天，吃到一個小餅乾，上面有多啦A夢從任意門裡出來的模樣，這造型十分可愛，後來我有感而發，寫了一則新浪微博，微博上的文字是：

「有一個任意門真好，走進去，與心愛的人一起遊三峽，看巫山雲雨，與心愛的人同遊西西里島，聽教堂的鐘聲響起，走進去，與心愛的人在北海道泡溫泉，眼前是白雪紛飛，走進去，與心愛的人一同回家，一碗麵以笑容佐料，走進去，看看天河的那端，思念的父親是否一切安好。」

後來我收到了一個禮物，是李嘉源送的，十三歲時嘉源來參加青少年money & you，還是個可愛的小女生。後來長大後到英國去讀書，現在是個二十歲出頭，十分漂亮的女大學生。她與母親李雯曾經參加過呼倫貝爾的美憶之旅，嘉源跟我們一起看過台灣馬祖的藍眼淚，母親李雯還跟我去過少林寺和南疆的美憶之旅。李雯的母親、嘉源的外婆，已經七十多歲了，不久前也走進了教室，老太太近六十年沒有進過學堂，與大家一起聽課，一起分享，當談到一些真實動人故事時，老太太也不禁拿出了手帕，輕輕的拭淚，這也是一個三代都上過課的美麗故事。

李雯曾說，現在做父母的會為孩子的學習毫不手軟的投資，只要是聽過某個課程不錯，就願意花錢，希望孩子不要輸在起跑點上。她覺得我們也應該讓

自己的父母出來上課，成長與改變是不分年齡的，年紀大的人要多跟年輕人接觸，多和年輕人交流，只有真心的交流才能打開心，心若打開，生活也會自然快樂。老人觀念好，不糾結，兒子女兒在工作也會有底氣。

李雯的觀點，我十分認同，所以我一直想辦一班以老人家為主的長青班，六、七十歲的老人，一生總會有些不如意的往事，但若能經過三天，把不好的回憶轉念變成美好的回憶，人生也是功德圓滿了。

嘉源因為假期從英國回來，有時會來參加鄭州的美憶會，那次舉辦地在開封，在結束時她將禮物拿了出來，是她畫的一幅畫。她的專業並非繪畫，看到我

發的那則任意門微博後，發揮想像力畫出來的，所有顏色都是她自己調的，畫中坐在搖椅的那個人，就是我的父親。嘉源附了一張卡片，上面用繁體字寫著：

郭老師：

這幅畫名為任意門裡的世界。首先請原諒我的繁體字寫得不太好，創作的靈感來自於您微博裡的一句話，有一個任意門真好，走進去看看天河的那端，思念的父親是否一切安好？我相信這個答案跟我送你的畫一樣。多啦A夢通過任意門，看到了一個院子，院子裡有一位老人，他在那片世外桃源對他說：「我挺好，記得告訴騰尹，讓他注意身體，我很想念他，但我想晚點見到他，愈晚愈好。」

看完信，淚已滿面，給嘉源一個擁抱，在她十三歲時，我告訴她要日行一善，要能每天帶給認識或不認識的人美好回憶。這一天她溫暖了我，我收到過很多的禮物，但這禮物十分特別，只要那幅畫，父親就會出現在我的眼前。原來嘉源就是哆啦A夢的化身！

嘉源不止溫暖了我，也溫暖了一個在北京街頭上發傳單的陌生小夥子，這是嘉源給我的信息：

二〇一九年十月二十一日，我完成工作後，在附近圖書館看書，去的路上遇到一個發傳單的男生，北京今天的溫度很低，路燈也是昏暗的，他穿了很薄的、看起來極其舊的牛仔外套，垂頭喪氣的說：「你好，看一下，看一下！」

我四個小時後看完書回來，發現他還在那裡，然後我就去買了一杯咖啡（溫的），但給我自己點了一杯涼的，我送到他手裡後，他愣了二至三秒，然後用傳單擋了一下臉，緊接著，彎腰時，對我認真的說了一句：「謝謝姐」。他十九歲，高中畢業後輟學了，我其實想說郭老師，您在我十三歲那年，因為說了日行一善這四個字，讓我一直堅持到現在八年了，每天都會做一點對別人或動物或環境等等，有貢獻的事，我替曾經所有對我說感謝的人，對您說一句，謝謝，謝謝您的啟迪，讓他們感受到來自陌生人的溫暖，也讓我的靈魂得到救贖……。

PS.在圖書館讀的書《見字如面》，我想這一刻這封信、這本書、這段故事才真正的有溫度，來自三個人的溫暖。

是的！當我們帶給別人美好回憶時，最後的結果是我們的生命得到了救贖。

祝福李雯這一家三代，我們繼續的示範，做一個帶給別人美好回憶的人。

CHAPTER 41

演唱會風波

上一篇我們談到了李嘉源送我一幅畫，那是我所珍藏的禮物，禮物可以有很多的方式呈現，每個禮物背後都有一個故事，都有一份祝願。

楊彥是我上海總部的員工，也是money & you的畢業生，他跟我分享了一個故事。

他和母親相處的方式和所有人差不多，母親都很愛嘮叨，說的多了，聽的也會不耐煩，有時也會頂幾句，母親聽了也不爽，火氣就會上來，所以母子相處常常處於一種緊張對峙的態勢。

楊彥是個身材魁梧的小夥子，上完課後回想這一輩子好像也沒給媽媽什麼美好的回憶，覺得自己是個不太負責任的兒子，所以決定要做一些改變。一旦人們開始反省，人們就會離開麻木不仁，理所當然、習以為常，開始用心去觀察對方的一言一行，對方的情緒與喜好才能夠接收到，對方真正喜歡什麼，不喜歡什麼？楊彥發現他母親平常在家，常常會不自主的唱起蔡琴的歌，而且唱的時候很陶醉，很有那麼回事！

蔡琴是位知名的歌手，早期從台灣的民歌出道，一首〈恰似你的溫柔〉讓人們發現，一個女中音的歌聲，可以如此的走心。從台灣紅到了對岸，上一輩的人對於蔡琴的歌一定都不陌生，我家裡還保存有蔡琴早期所出的黑膠唱片。雖然現在電視上很少看到她，但各地的演唱會還是在各地辦，而且票房非常好，一公開就秒殺！

蔡琴要到上海來辦演唱會了，楊彥看到消息後，想到一個點子，決定帶母親去聽蔡琴的現場演唱會，自個兒唱與偶像近距離的接觸是不一樣的，尤其是萬人體育館裡面，大家齊聲唱著耳熟能詳的經典歌曲時，楊彥想像著母親那種興奮，臉上那種滿足的表情，自己也樂了。

去網上訂票吧！蔡琴的演唱會果然很叫座，一看到票價時，楊彥的心情就像過山車一樣，跌到了谷底，因為便宜的票早已售完，剩下的票最低金額也要人民幣一千二百元起跳，這價格已超過自己心中想買的價位，若折算成台幣也要五千多了，二張票的總價，對於一個年輕上班族而言，著實負擔頗大。

楊彥想，若真買了，母親問起票價，知道這麼貴，肯定又免不了大大的數落，甚至乾脆不去了，想把錢省下來。這事我也有經驗，劉家昌對我們這一代而言十分熟悉，他的電影以及寫的歌曲是我們從小學到初中最重要的記憶。瓊瑤的電影，林青霞、甄珍、林鳳嬌、秦漢、秦祥林的男女配對，鳳飛

飛、尤雅、甄妮、鄧麗君、劉文正的主題曲傳唱，在當時台灣嚴肅的政治環境下，它緣是一朵惹人憐愛的小白花，自在搖曳，忘了威嚴，只記得青春的美好。

劉家昌的告別演唱會要在台灣舉辦，我的母親對劉家昌的歌自然熟悉，在沒有告知母親的情況之下，我也買到了二張四千多台幣的票，要陪母親一起去看，這票價座位只能在台北小巨蛋的二樓，母親在知道票價後的反應，和前面我說的完全一樣。

楊彥的母親也是位生性簡樸的人，持家久了，練就了精打細算的功夫。即使如此，楊彥還是忍痛買了兩張一千二百元人民幣的票。不過楊彥比我聰明許多，他找到了標籤的貼紙，用印表機打了兩張贈票的標籤，直接把它貼在票上標價的位置，並且告訴母親這是托朋友幫忙弄到的，原來的價格是多少也一併告知。母親很高興不花錢，蹭到了票，滿心等待這一天的到來，想著要穿什麼樣的衣服去見偶像。

上海蔡琴演唱會的門外車水馬龍，大家有秩序的排隊進場，觀眾果然有不少中年大媽，蔡琴時而唱歌，時而與觀眾互動，深情的唱著〈讀你〉、〈最後一夜〉、〈抉擇〉、〈不了情〉，台下的人也輕輕的唱著，副歌時變成了大家齊聲合唱，這是現場演唱會最迷人的地方。楊彥看著母親專注投入的眼神，看著母親聽著蔡琴所說故事的表情變化，他覺得這票值得，他相信今晚給了母親留下了一輩子美好的回憶。

回家的路上母親非常開心，這平生第一次參加歌手的現場演唱會，而且有兒子全程陪伴，她叫楊彥一定要好好謝謝那位弄到票的朋友，最後帶了一句說她也很喜歡齊豫的歌，看以後能不能也弄到齊豫的票？楊彥一聽，突然感覺心裡猛然一跳……！

我想，我跟母親當時坦誠票價還是對的！

CHAPTER 42 美麗的燕子

台灣面積有三萬六千平方公里，人口數約二千三百多萬，這個數字在面積上不會太多改變，因為台灣是一個海島，人口數是停滯的，許多社會及經濟因素讓近年來出生率大為減低。

看看北京，北京一萬六千多平方公里，不到台灣一半，但人口數跟台灣總人口數是差不多。大陸開放二胎政策後，北京的人口數、物價、房價都同步上揚，即使北京生活不易，但首都的光環仍讓年輕人趨之若鶩，帶著些許的錢，過著刻苦的生活，希望能闖出一番成就。

北京的外來人口近八百萬，幾乎是總人口數的三分之一，這些族群統稱為「北漂」，漂是漂泊流浪之意。實踐家在北京有分公司，地點在海淀區中關村的創業大街附近，辦公空間很大。然而分公司的主管及同仁沒有一個是當地的北京人，有河南的、山東的、內蒙古的、寧夏的、湖南的，與道地的北京人相比，這些北漂族更能吃苦，工作更拚。

燕子，是我北京的一位同仁，在過去這幾年負責各地美憶會的活動及美憶之旅的籌畫，工作認真用心、待人溫暖誠懇，頗受大家的好評。她老家在山東濟寧鄒城的一個小鎮，她告訴我，那裡是孟子的故鄉，她從小要在家裡幹活，長大後到北京工作，後來也在北京結婚生子，平常也是一、兩年才回家一次，燕子家裡還有奶奶在，父親不常在家，都在外地打工。

有一次父親有事來京，特地來看在北京工作的兒子與女兒，燕子看到父親拉著一個可以折疊的行李車，車上放了許多大包小包的行李，不久要搭十多個小時的火車回到內蒙古工作。燕子看到已不再年輕的父親，依然在為生活奔波，離家千里，心中心疼不捨，多麼希望能多為父親做些什麼。父親本想省些錢，搭地鐵到北京火車站，可是燕子在北京生活多年，知道北京地鐵的擁擠，知道北京人對外地來的農民工的那種眼神跟態度，她不想讓父親受委屈，決定要幫父親叫一台好一點的網約車，讓父親可以平安舒服的到達目的地，也可從車窗外看看北京夜裡的風景。

看到父親有這麼多的行李，燕子想到辦公室有一個很好的背包，可以給父親用，於是帶父親回到了公司，讓父親在大廳等，燕子飛速上去拿東西。父親坐在大廳的沙發上，看著偌大的大堂，兩側電梯進出不息的年輕上班族，看著大樓保全精神抖擻的環顧四周，父親很欣慰，一位平凡的父親對兒女的期待，在這裡、在這個時刻似乎實現了。

父親拿起了手機，給朋友通了微信，並且打開了錄影鏡頭，興奮的說著：「你看！這是我閨女在北京上班的寫字樓，很漂亮吧！」父親語氣中帶著驕傲與榮耀，燕子剛好聽到父親的這段話，看到父親臉上笑著，拿著手機，轉動身體取景，她相信父親那一天會有美好回憶的！

父親的朋友應該是遠方工地的朋友，也是終年在外地漂泊的農民工，也是愛家人、卻常常不在家人身邊的人。這位朋友在電話中說，他有一個十幾歲的兒子，最近輟學了，很是煩惱，他想請燕子幫忙，看能不能在北京給介紹個工作，也要在這樣的寫字樓上班！

每個在北京生活工作的人，都感受到房租與物價上的無情壓榨，有的人意氣風發，有的人難以繼日，但與老家的小麥田和玉米地相較，北京永遠是老人家對自己孩子最美好的期待。

坐著燕子叫的網約車，父親拉著折疊車和滿載的行李還有背包，從北京火車站上了火車。燕子嫁到北京，夫家是北京的戶口，以後外孫讀書就方便多了，從北京到內蒙古要十多個小時，上車剛好睡覺，清晨起來就到了，我想燕子的父親這一覺會睡得很甜。

未來希望燕子也能夠帶父親來參加美憶之旅，這樣他才能夠知道，他的女兒做事有多麼的卓越，他才會知道女兒的工作，帶給好多好多人美好的回憶。

謝謝美麗的燕子。

CHAPTER 43 最重要的聽眾

寫完燕子與父親的故事之後，我在想，自己上課演講工作近三十年，父親好像只有一次坐在台下，而我相信父親那一天晚上一定也充滿了美好回憶。

父親晚年皈依了法鼓山的聖嚴法師，在法鼓山的安和分院當義工。安和分院距離家不會太遠，每個星期一的上午他會準時報到，雖然只是短短的半天，幫院方寫寫毛筆字，但是父親一直覺得很滿足，在那裡也認識了不少朋友，父親書法寫的好，而人需要有被利用的價值，九十歲的父親亦然！

在佛教的概念裡，人人皆可為菩薩，父親因年事已高，在安和分院裡被尊稱為「老菩薩」。有一天父親看到院裡有辦生活的講座，就跟院裡的果旭法師推薦我來分享，果旭法師對我並不了解，請問了一位弟子吳如珊，因為她對培訓界的老師知之甚詳，而恰好如珊是我的學妹，過去我們有很多合作的機會，她對我的授課內容跟方式十分了解，就主動的代院方與我聯繫，因為她知道我常常不在台灣，時間不知是否可以安排得上？

父親的預告加上吳如珊的電詢，我回覆會以此事為第一優先，時間就定在了二〇一一年五月六日，講座是在晚上。父親那時行走較慢，由外勞推著輪椅過來，我想父親應該之前為我做了很多廣告，所以現場人潮很多。看到現場觀眾，有別於商業領域的演講會場，大家臉上一片詳和，彷佛這兒就是淨土。

演講開始，果旭法師開場，先感謝了父親的牽成，吳如珊的大力保證，父親笑著坐在最前面，一起接受著大家的掌聲，看到他溫暖的笑容，我的心卻一直蹦蹦在跳。父親從來沒有在台下聽過我上課，自思不能按原先正常的思路來講了，不能給父親漏氣，在佛堂中演講亦不能百無禁忌，還好幾十年下來，也有了應變的能力。那次演講很幽默抒壓，果旭法師眼淚都笑

嘖了，因為都是生活中的瑣事，若能參透，人生就不必執著，放下執著才是佛法修行之路。

演講完，果旭法師要贈與車馬費，我表示心領，因為父親在這裡當義工，受到師父及大家的照顧，父親很開心，我的感謝無以言表，所以這個錢我是不能收的。在推辭了兩、三次之後，師父說，既然不收車馬費，那就送幾本寺裡的出版書籍結緣吧，這個建議我泰然接受，不過也提出了一個請求。師父不解，我說，今日來的因緣，都因為父親，父親生我養我，從小為我費盡心思，今晚大家的掌聲應該是給父親的，所以這份禮物，我想請父親來代我收下。

果旭法師明白了，後來就如我所願，父親在輪椅上接了這份禮物，而我站在父親的身邊。同一年十月父親因病住進了醫院，十二月過世，告別式時安和分院還有許多師兄師姐來為父親誦經，萬分殊勝。那天演講謝謝安和分院同仁有拍下照片，這是父親一生唯一在現場當我的聽眾，也是我一生中最重要的聽眾。

只要他滿意，這一生都是值得的。

CHAPTER 44 同款之樂

周杰倫有首歌《聽媽媽的話》，在生活中他也的確如此，從小就跟母親關係非常親近。在微博上他公佈了與母親的一張照片，照片中周杰倫身著紫色上衣配深紫色的闊腳褲，表情十合妖嬈，媽媽也是一席紫色寬鬆連體褲，非常的時尚。照片公開後，許多歌迷紛紛留言，好時尚的母子，許多人肯定周杰倫，認為這也是一種孝心的展現，不過照片看起來好像是衣服試穿的拍照，並非生活中的真實母子同款，但是能與爸爸媽媽穿同款，仍是一種儀式感，一種愛意的傳達。

美憶會的台灣分舵，每次聚會人數都是大陸的好幾倍，負責的米蟲和小道這兩個年輕人功不可沒。每一次都會設計一個 cosplay 主題，而且每次都不一樣，連媽媽也都一起動員，有過夏威夷風、韓國風、印度風、老人風，還有風流醫生俏護士風，只來參加，不一定有感受，但你參與在其中，自己也變裝時，你才會融在其中，當你 IN 在其中，你才會留下美好的回憶。

有一次是台灣風，地點在高雄的海洋微光餐廳，這裡的老闆也是 money & you 畢業生。米蟲和小道打扮的像台語歌手陳雷，幾個女生扮起了檳榔姐妹花，還跳著熟悉的舞步，哼著熟悉的調調；也有人穿上原住民的服飾，因為他們才是正港的台灣人，有男生穿著白色背心，外罩短衫，戴上滿是刺青花紋的肉色袖套，還在肩上揜一隻球棒，一雙夾腳拖，這是艋舺男子漢的 style，在午後的高雄，我們都是標準的台客。

有一個女孩 Nana 也參與了 cosplay，一襲碎花暗色的洋裝，衣服看起來有些年份了，和她精緻的五官、俏麗的短髮並不很協調。Nana 說，身上這舊洋裝本來是阿嬤的，已經二十年沒有穿了，決定跟阿嬤借這件來穿。就像要去參加化妝舞會一樣，阿嬤立刻開始了針線修改的工作，Nana 看到阿嬤一針一線的縫，想起阿嬤從小到大的疼愛，Nana 很幸福，阿嬤知道孫女今天穿上了這件自己的衣服，也會一輩子記得這件事的，阿嬤也很幸福。

在美憶之旅中也有一對讓我感動的母女，歐芸檣和她的媽媽，她們跟我去過南京棲霞山賞楓紅，與我去過泰國華欣及馬來西亞怡保的美憶之旅。芸檣非常愛她的媽媽，十多年前要上money & you課程時，因為錢不夠，母親到房裡拿了五千元的私房錢來支持女兒，芸檣接到這筆錢，聞到錢還帶著潮濕發黴的味道，真不知媽媽珍藏了多久，可是當女兒有需要時，母親沒有猶豫片刻，芸檣那個瞬間，對母親感到格外的心疼。

十多年過去，課程費用早已翻

倍，芸橦的工作也非常順遂，她讓自己的哥哥、弟弟及哥哥的小孩都走進了 money & you 課程。二〇一七年泰國華欣的美憶之旅，芸橦買了兩件同款衣服，帶花的洋裝，母女倆攜手同款同行，不論在酒店餐廳吃東西或在山間海邊，只要她倆出現，每個見到的人都會誇兩句，羨慕幾句。

芸橦的母親亦是潮汕人，普通話說得並不好，人很親切，有時在車上也會為大家高歌一曲。她很喜歡跟我一起旅行，現在最渴望芸橦能找到一個好的對象，天下父母心，相信老天爺會保佑芸橦的。

期待跟這對母女再次的同行。

CHAPTER 45 飛機餐與脆脆鯊

我的母親很宅，對玩沒有什麼興趣。我說想帶她到外地旅遊，母親總視為畏途，這點個性與我大為迥異。以前她去美國探望在紐澤西的三姐時，這長途飛機是最大的折磨，一是母親一直有睡眠的障礙，二是她非常不喜歡吃飛機餐，寧可在機上吃泡麵。

我卻剛好相反。在大陸各城市穿梭時，我喜歡挑有餐食的航班，這樣能省掉午餐或晚餐的安排，更重要是飛機餐的份量都不大，已經過了大吃大喝的年紀，這份量對我剛剛好，吃完還有咖啡或紅茶，若能再小睡幾十分鐘，人生美事也！

在我的工作日誌裡，記載著一個有關飛機餐的故事，是在鄭州四二七期學員的分享，時間是在二〇一三年末，這位先生的工作也要常常搭飛機在各地出差，每次結束搭飛機回來時都會帶著泡麵上飛機，我想他應該跟母親一樣，覺得不是現炒，加熱過的餐盒，沒有了鑊氣，就像失去了靈魂一樣。後來我聽到了一個不同的答案，原來這位男士有個很可愛的女兒，有一次這位男士將未吃的飛機餐帶回家，女兒看到小小的飯盒，裝著飯菜甚是可愛，品嘗後露出了滿意的笑容，做父親的會為這迷人微笑赴湯蹈火，於是飛機餐就成為父女兩人傳達與接收愛的方式，我想這飛機餐要打包回來，也不是件容易的事，這父親應該也是有備而來的。

其實這等事我也幹過，有一次在機場的貴賓廳隨便吃點東西，在聽到登機廣播後，揹起了背包，順便去冷飲櫃取了一罐瓶裝水，冷飲櫃旁邊是一個餐台，台上放了一些水果及零食，有花生米、餅乾、青豆，還有紅色包裝的巧克力，我順手拿了兩條巧克力，擱進背包內，心想出門在外，若是餓了，這巧克力還能充饑。出差回來台灣後，在整理行李時，發現這兩條巧克力還在，就把它放在茶几上，告訴女兒可以嚐嚐看，女兒吃完覺得很好吃，我又從垃圾桶裡找出了外包裝袋，原來這紅色巧克力的牌子叫「脆脆鯊」。

接下來各位就會明白一位父親會做的事了，每次進貴賓廳我就先拿兩條，取餐時又再拿兩條，等要離開時又順手再帶兩條走，這些都不再是我餓時為自己準備的糧食，而是通通放在一個塑膠袋，逐步的累積，然後帶回台灣，期待女兒幸福洋溢的表情，這是一位父親內心莫大的滿足。可能有人會覺得這巧克力又不貴，超市買一大盒回來就好了，幹嘛這麼費事？其實出門在外的人都有些無奈，在家人最需要你的時候，你卻處在身不由己的漩渦裡，能做的很少。脆脆鯊是一種思念，是一種補償，是一種溝通，是一個父親對女兒的討好，如果用錢去買，那變成一種交易。每次經過餐台去拿巧克力時，我像是在外面尋覓食物的老鷹，獵物取得後叼著它捨不得吃，飛回鷹巢，哺育小鷹，這是天性，中國式的父母尤其如此。

女兒已經在社會上工作多年，早已過了愛吃脆脆鯊的年紀，但那會是一段記憶。以後當她們在看到這篇文章時，會記得小時候吃過好多不用花錢的脆脆鯊，那裡有他們的父親最單純的愛。

人生顧問 409

當個有錢人，做個有情人：45個豐盛心靈實現夢想的人生智慧

作　者—郭騰尹
照片提供—郭騰尹
特約編輯—葉惟禎
副 主 編—謝翠鈺
封面設計—陳玉凌
美術編輯—陳益郎

董 事 長—趙政岷
出 版 者—時報文化出版企業股份有限公司
108019台北市和平西路三段二四〇號七樓
發行專線—（〇二）二三〇六六八四二
讀者服務專線—〇八〇〇二三一七〇五
（〇二）二三〇四七一〇三
讀者服務傳真—（〇二）二三〇四六八五八
郵撥—一九三四四七二四時報文化出版公司
信箱—一〇八九九　台北華江橋郵局第九九信箱

時報悅讀網—http://www.readingtimes.com.tw
法律顧問—理律法律事務所　陳長文律師、李念祖律師
印　刷—勁達印刷有限公司
初版一刷—二〇二一年一月二十二日
定　價—新台幣三六〇元
（缺頁或破損的書，請寄回更換）

時報文化出版公司成立於一九七五年，
並於一九九九年股票上櫃公開發行，於二〇〇八年脫離中時集團非屬旺中，
以「尊重智慧與創意的文化事業」為信念。

當個有錢人，做個有情人：45 個豐盛心靈實現夢想的人生智慧 / 郭騰尹作. -- 初版. -- 臺北市：時報文化出版企業股份有限公司, 2021.01

面；　公分. -- (人生顧問；409)
ISBN 978-957-13-8534-1(平裝)

1. 成功法 2. 自我實現

177.2　　109021950

ISBN 978-957-13-8534-1
Printed in Taiwan